Politik entdecken 8

Politik – Wirtschaft · Niedersachsen
Gymnasium G9

Herausgegeben von
Dr. Thomas Berger-von der Heide

mit Beiträgen von
Dr. Michael Berger
Dr. Thomas Berger-von der Heide
Claudia Bernert (MA)
Prof. Dr. Wilhelm Bernert
Nadine Di Pardo
Bernd Gerken
Sabine Held
Karl-Heinz Holstein
Tanja Laspe
Klaus Pflügner
Ellen Rudyk
Thomas Zimmermann

in Zusammenarbeit mit der Verlagsredaktion

Cornelsen

Politik entdecken
Politik – Wirtschaft · Niedersachsen
Gymnasium G9

Redaktion:	Jürgen Grabowski
Umschlaggestaltung:	Klein & Halm Grafikdesign, Berlin
Illustration:	Matthias Pflügner, Berlin, Daniel Hoesch, Berlin
Kartenherstellung und Grafik:	Erfurth Kluger Infografik, Berlin
Layout und technische Umsetzung:	Stephan Hilleckenbach, Berlin
Coverfoto:	Jugendliche vor dem Niedersächsischen Landtag

www.cornelsen.de

1. Auflage, 1. Druck 2016

Alle Drucke dieser Auflage sind inhaltlich unverändert und können im Unterricht nebeneinander verwendet werden.

Druck: Mohn Media Mohndruck, Gütersloh

ISBN 978-3-06-240000-1

PEFC
PEFC/04-31-1033

PEFC zertifiziert
Dieses Produkt stammt aus nachhaltig bewirtschafteten Wäldern und kontrollierten Quellen.

www.pefc.de

Gebt die Aussagen von ... wieder
Wenn ihr einen oder mehrere Text(e) genau gelesen habt, sollt ihr die wichtigsten Aussagen (Behauptungen) mündlich oder schriftlich ohne Kommentar wiedergeben. Das geht am besten, wenn ihr beim Lesen Notizen macht.

Gliedert
Ihr sollt Informationen über Sachverhalte, einen Raum nach Kriterien ordnen.

Informiert*
Ihr sollt Informationen aus verschiedenen Medien (Bücher, Internet) zu einem Sachverhalt herausfinden und zusammenstellen.

Interpretiert
Ihr sollt aus Texten Sinnzusammenhänge erschließen und über sie eine begründete Stellungnahme oder ein Werturteil abgeben.

Lest und berichtet*
Zunächst müsst ihr den Text genau lesen und euch dabei das Wichtigste merken. Über den Inhalt sollt ihr dann der Klasse berichten oder den Inhalt mit euren eigenen Worten in eurer Arbeitsmappe festhalten.

Nehmt Stellung
Hier ist eure Meinung gefragt, ihr sollt anhand von Kriterien, Wertmaßstäben begründen, was ihr zu einer bestimmten Sache, Aussage meint, und ein eigenes Werturteil formulieren.

Nennt Gründe, warum ...*
Ihr sollt wichtige Gründe nennen, warum eine Sache so oder so ist. Die Informationen dafür entnehmt ihr Texten, Karten oder Schaubildern.

Ordnet
Ihr sollt verschiedene Informationen in einer sinnvollen Reihenfolge, in einen sinnvollen Zusammenhang stellen.

Prüft
Ihr sollt auf Grundlage eigener Kenntnisse oder zusätzlicher Materialien feststellen, ob eine Behauptung über einen Sachverhalt sachlich richtig und logisch ist.

Recherchiert*
Ihr sollt umfangreiche Informationen aus verschiedenen Informationsquellen sammeln und zusammenstellen – beispielsweise aus anderen Schulbüchern, aus einem Lexikon, aus Jugendbüchern, Büchern, Zeitschriften und aus dem Internet.

Schreibt einen Bericht ...*
Aus den Materialien (z. B. einer oder zweier Doppelseiten, aus Texten, Bildern oder Grafiken) sollt ihr eine zusammenfassende Darstellung in euren Worten verfassen. Dieser Bericht soll klar gegliedert sein (Einleitung, Hauptteil, Schluss) und kann mit Skizzen oder Bildern ergänzt werden.

Setzt in Beziehung
Zusammenhänge aus verschiedenen Materialien, Sachverhalten finden und erläutern.

Stellt zusammen*
Aus einem Text oder einer Grafik stellt ihr die wichtigsten Aussagen ohne Kommentar zusammen.

Sucht*
In verschiedenen Medien (Bücher, Filme, Internet) sucht ihr nach einem Sachverhalt und notiert die Ergebnisse der Suche.

Unterscheidet*
Ihr beschreibt mit euren Worten den Unterschied zwischen Sachverhalten oder Aussagen.

Untersucht*
Ihr geht einer Sache auf den Grund, indem ihr genaue Fragen stellt und die Ergebnisse dann aufschreibt.

Vergleicht*
Aus zwei oder mehreren Materialien (Texte, Bilder, Karten) sollt ihr Unterschiede und Gemeinsamkeiten erarbeiten. Das geht am besten, wenn ihr eure Beobachtungen in einer Tabelle notiert.

Versetzt euch*
Ihr sollt euch in eine Person versetzen und durch eure Fantasie erspüren, wie es der Person (damals) wohl ergangen sein kann. Dabei handelt es sich immer um Vermutungen.

Wertet ... aus*
Zunächst müsst ihr den Text genau lesen, dann solltet ihr euch wichtige Stichwörter notieren und die Argumente für und gegen eine Sache nennen und bewerten.

Weist nach
Sagt mit euren Worten, dass ein Sachverhalt aufgrund eurer Feststellungen so oder so ist, also aufgrund eurer „Beweise".

Zeigt auf*
Ihr stellt einen Zusammenhang zwischen verschiedenen Informationen und Sachverhalten her.

Die mit * gekennzeichneten Operatoren ergänzen die im Lehrplan aufgeführten 14 Operatoren für das Unterrichtsfach Politik-Wirtschaft. Hierdurch soll eine altersgerechte Heranführung zum Einsatz der Operatoren sowie ein abwechslungsreiches Arbeiten unterstützt werden.

Liebe Schülerinnen und Schüler,

am Anfang dieses Buches möchten wir euch seine wichtigsten Elemente vorstellen.

Auftaktdoppelseiten

Jedes Kapitel wird mit einer Bilddoppelseite eröffnet. Das großformatige Bild soll zusammen mit dem Verfassertext (VT) eine Einstimmung auf das Thema des Kapitels geben. Anhand der Auftaktdoppelseite lassen sich in vielen Fällen Erfahrungen und Fragen ansprechen, die in der weiteren Arbeit immer wieder herangezogen werden können. Anregungen dafür liefern die Arbeitsfragen.

Themendoppelseiten

Die Themendoppelseiten bilden den Schwerpunkt des Buches. Durch die Themendoppelseiten wird jedes Kapitel in überschaubare Einzelthemen gegliedert. Die große Überschrift auf der linken Seite der Doppelseite zeigt euch, worum es geht. Die Einführung in das jeweilige Thema erfolgt durch einen Verfassertext, der euch die notwendige Orientierung geben soll. Außerdem findet ihr mit **M** gekennzeichnete

- Materialtexte, mit denen ihr spezielle Aspekte des Themas eingehender bearbeiten könnt;
- Fotos, Karten, Schaubilder und Karikaturen, die zur Veranschaulichung, Vertiefung oder Problematisierung dienen können.

Arbeitsaufgaben

Die Arbeitsaufgaben stehen am Ende der Doppelseite. Sie sollen euch Anregungen für die Erarbeitung der Materialien der Doppelseite geben, aber auch für weiterführende Recherchen und Projekte. Die Arbeitsaufträge sind je nach Schwierigkeitsgrad gekennzeichnet (⚁ = mittlerer Schwierigkeitsgrad). Wenn ihr einen Arbeitsauftrag nicht verstanden habt, könnt ihr am Buchanfang nachlesen, was ihr tun sollt.

Begriffserklärungen

Wichtige Worterklärungen zu den Texten sind mit einem Sternchen (*) gekennzeichnet. Die Begriffserklärungen selbst finden sich in der Randspalte auf der jeweiligen Seite oder im Lexikon.

Methodenseiten

Für den Unterricht in eurem Fach eignen sich besondere Arbeitsmethoden und Arbeitstechniken. Diese werden euch auf den Methodenseiten gesondert vorgestellt. Das geschieht immer in Verbindung mit einem konkreten Thema. Doch lassen sich die Grundsätze der jeweiligen Methoden und Techniken auch auf andere Themen übertragen.

Check-up-Seiten

Jedes Kapitel endet mit einer Übungsdoppelseite. Auf diesen „Spezialseiten" könnt ihr die wichtigsten Themen und Begriffe des Kapitels, Grundwissen und Fertigkeiten wiederholen und anwenden. Zu jedem Kapitel gibt es ein weiteres Angebot im Internet – den Pressekompass. Diesen könnt ihr über den QR-Code oder über den Webcode aufrufen.

Zusätzliche Angebote im Internet

Neben dem Pressekompass findet ihr auf den Themendoppelseiten weitere Webcodes (z. B.: **Webcode: PE400001-023**). Gebt den Code auf der Internetseite www.cornelsen.de in das Feld „Webcode" ein. Hier findet ihr eine Sammlung interessanter Angebote zum jeweiligen Thema. Kurze Erklärfilme sind zusätzlich mit einem QR-Code versehen, sodass ihr sie auch direkt aufrufen könnt.

Lexikon und Stichwortverzeichnis

Ein ausführliches Lexikon findet ihr im Anhang. Dazu ein Stichwortverzeichnis, mit dem ihr herausfinden könnt, auf welchen Seiten ein bestimmter Sachverhalt behandelt wird.

INHALT

Kapitel 1

Politische Entscheidungsprozesse im Nahbereich

Kapitel 2

Konsumentscheidungen Jugendlicher

Wie funktioniert unsere Wirtschaft?

Konsum

Rechtliche Rahmenbedingungen

Kapitel 3

Recht und Gerechtigkeit

Rechte und Pflichten

Der Rechtsstaat

Die Grundrechte

KAPITEL 1

Politische Entscheidungsprozesse im Nahbereich

Politik – das ist für viele Menschen etwas, was in Berlin oder in der Landeshauptstadt gemacht wird. Viele politische Entscheidungen, die euch und alle Menschen in eurer Umgebung betreffen, fallen aber vor Ort, direkt in der Gemeinde. Auch in der Schule gibt es die Möglichkeit, sich an Entscheidungen zu beteiligen – also sich politisch zu verhalten.

In diesem Kapitel geht es um die Politik vor Ort. Ihr lernt die verschiedenen Mitwirkungsmöglichkeiten in der Schule und in der Gemeinde kennen.

Ihr könnt erarbeiten,
- *wie ihr in der Schule und in der Gemeinde mitbestimmen könnt,*
- *welche Konflikte es vor Ort gibt und wie man sie lösen kann,*
- *wie die Finanzen von Gemeinden aussehen und was man verbessern kann.*

Was ihr sonst noch machen könnt ...
- *mit dem Besuch einer Gemeinderatssitzung erfahren, wie um politische Lösungen gestritten wird.*

Was bedeutet Politik?

M1 Zeichnung: *Birgit Schmidt, Karlsruhe*

Politik im engeren Sinne

Wo viele Menschen zusammenleben, müssen sie Regeln und eine Ordnung für ihr Zusammenleben festlegen. Schon im alten Griechenland gab es fest organisierte Stadtstaaten, die **Poleis*** genannt wurden. „Politik" kommt von dem griechischen Wort Polis. Im engeren Sinne versteht man unter **Politik** alles menschliche Handeln, das auf die Ordnung und Gestaltung des menschlichen Zusammenlebens in einem Staat, einer Stadt oder Gemeinde gerichtet ist. Es handelt sich z.B. um Politik, wenn verschiedene Parteien unterschiedliche Meinungen vertreten und um den größten Einfluss in einem Staat ringen. Dabei ist es die Staatsgewalt, die das Miteinander regelt und darauf achtet, dass sich alle an die herrschende Ordnung halten.

Das Zusammenleben in einem Staat kann ganz unterschiedlich geregelt werden und wir sprechen hier von verschiedenen **Staatsformen**. **Demokratien*** verstehen sich als eine Staatsform, in der das Volk herrscht. Im antiken Griechenland kamen in den Stadtstaaten die freien Männer auf dem Marktplatz zusammen und stimmten direkt über die Gesetze ab. In den heutigen, modernen Demokratien übt das Volk seine Herrschaft meist nur mittelbar und indirekt aus. Die Bürgerinnen und Bürger entscheiden durch Wahlen, welche Abgeordnete sie im Parlament vertreten.

Politik im weiteren Sinne

Demokratie und Politik betreffen nicht nur das herkömmliche politische System (Parteien, Parlamente), den Staat und seine Ordnung, sie sind auch Teil unserer Gesellschaft:

- Wir gestalten unser soziales Umfeld durch die Mitarbeit in Initiativen, Vereinen, Verbänden.
- Wir regeln unser alltägliches Zusammenleben z.B. in der Schulklasse, in der Familie, in der Clique oder im Beruf.

Auch hier geht es um politische Fragen:

- Wie werden Entscheidungen, die uns betreffen, besprochen und getroffen? Wer bestimmt?
- Wie können wir unsere Interessen einbringen? Wie werden Konflikte geregelt, Probleme gelöst?

Natürlich muss man auch den Zweck bedenken, zu dem die jeweilige Gruppe oder Einrichtung entstanden ist: In der Schule soll unterrichtet werden, in der Clique will man Spaß mit Freunden haben, in einem Betrieb soll gearbeitet werden.

* **Poleis**
griechisch, Singular: Polis. Bezeichnung für die Stadtstaaten im antiken Griechenland. Die Einwohner einer Polis verstanden sich als Gemeinschaft. Athener, Spartaner oder Korinther waren stolz auf ihre politische Selbstständigkeit und achteten auf ihre wirtschaftliche Unabhängigkeit.

* **Demokratie**
griechisch: Herrschaft des Volkes. Demokratien stehen damit im Gegensatz zu Alleinherrschaften wie Monarchien oder Diktaturen.

Mehr zum Thema
Film: Demokratie einfach erklärt

Webcode PE400001-009

M 2 A: Sitzung des Deutschen Bundestags, Regierungserklärung von Angela Merkel, März 2014. B: Demonstration gegen das transatlantische Handelsabkommen (TTIP) in Berlin, Oktober 2015. C: Flüchtlinge aus Syrien erreichen eine Flüchtlingsunterkunft in Diepholz, Oktober 2015 D: Wir bauen ein Haus. Familienrat auf der Baustelle.

M 3 Mindmap

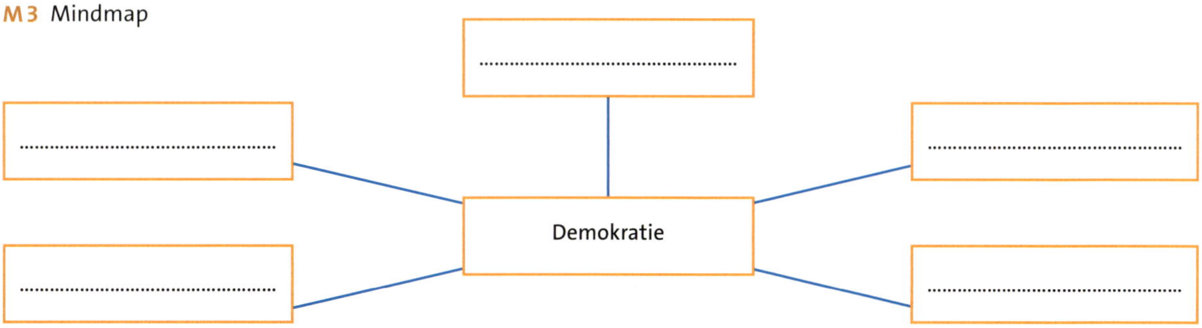

1 Besprecht in der Klasse, was die Abbildungen in M 2 mit Politik zu tun haben.

2 Erklärt mithilfe des Autorentextes die Abbildung M 1.

3 Entwerft eine Mindmap zum Thema Demokratie. (Vorlage siehe M 3)

4 Bildet Gruppen und vergleicht die Mindmaps. Gibt es übereinstimmende oder inhaltsgleiche Begriffe? Welches sind die am häufigsten genannten Wörter?

Jugend und Politik

M 1 Politik – ein Streitthema. Material für eine Umfrage	++	+	0	–	––
1. Politik ist ein schmutziges Geschäft!					
2. Die da oben machen doch nur, was sie wollen!					
3. Politik geht jeden an!					
4. Politik ist wichtig, damit man seine Rechte und Interessen durchsetzen kann!					
5. Die Bürgerinnen und Bürger haben viel zu hohe Ansprüche an die Politiker!					
6. Es ist ein Nachteil in der Demokratie, dass jeder glaubt, mitreden zu können!					
7. In der Politik wird viel zu viel gestritten.					
8. Die Politiker sind doch nur auf Stimmenfang aus!					
9. Die Unzufriedenen sollten sich stärker in der Politik engagieren!					
10. Die Regierung sollte mehr Macht haben, damit die ewige Streiterei aufhört!					
11. Die Demokratie ist die beste aller Staatsformen.					
12. Wenn ich will, kann ich mich einmischen – und das ist mir wichtig!					

++ = stimme der Ansicht sehr zu, + = stimme im Großen und Ganzen zu, 0 = ich bin unentschieden, – = lehne die Ansicht im Großen und Ganzen ab, – – = lehne die Ansicht entschieden ab.

* **Shell-Studie**
Seit fast 60 Jahren untersuchen die Shell-Jugendstudien die Einstellungen und die Lebenssituation von Jugendlichen. Die 17. vom Shellkonzern gesponserte Studie stützt sich auf eine Befragung von 2558 Jugendlichen zwischen 12 und 25 Jahren.

* **Petitionen**
Bittschriften, insbesondere Eingaben an ein Parlament gegen eine Entscheidung von Verwaltungen

Jugend unter der Lupe

Regelmäßig wird die Situation der Jugendlichen in Deutschland untersucht. Ein wichtiger Teil der Untersuchung ist dabei ihrem politischen Interesse gewidmet. Studien wie die Shell-Studie* werden als ein Gradmesser gesehen für die Anteilnahme Jugendlicher an Politik und für die Bereitschaft, sich mit politischen Themen auseinanderzusetzen.

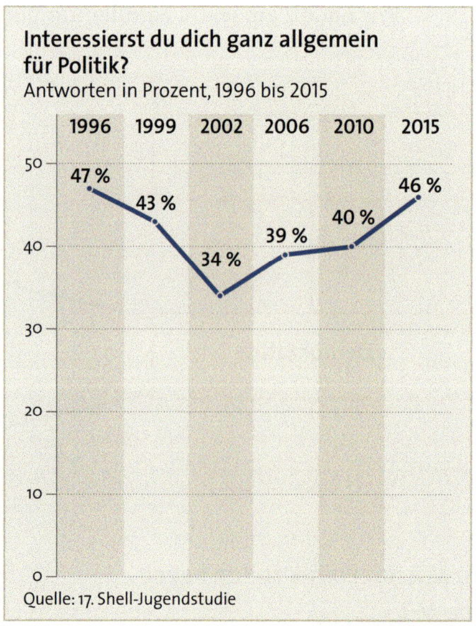

M 2 Politisches Interesse Jugendlicher (15 bis 24 Jahre) im zeitlichen Verlauf, Ja-Antworten in Prozent. 15. Shell-Jugendstudie 2015

M 3 Bedingungen für jugendliches Engagement

- Alle müssen gleichberechtigt sein; es darf keine „Chefs" geben, die das Sagen haben.
- Jugendliche wollen „Spaß haben". Sie sind nicht bereit, ihre Freizeit für Termine zu opfern, die sie als „Stress" empfinden.
- Sie wollen bei ihrem Engagement auch Gelegenheit haben, Freundschaften zu schließen.
- Jugendliche sind nicht bereit, lange über Kompromisse zu reden, sondern bevorzugen eindeutige, punktgenaue, zeitlich begrenzte Handlungen.
- Keine Theorie, sondern Action ist angesagt, keine lange Schulung.
- Jugendliche setzen sich nicht für abstrakte, sondern für konkrete Dinge ein, z. B. Rücknahme einer Abschiebungsverfügung.
- Das Engagement muss unverbindlich sein; man muss jederzeit wieder aussteigen können.

Autorentext

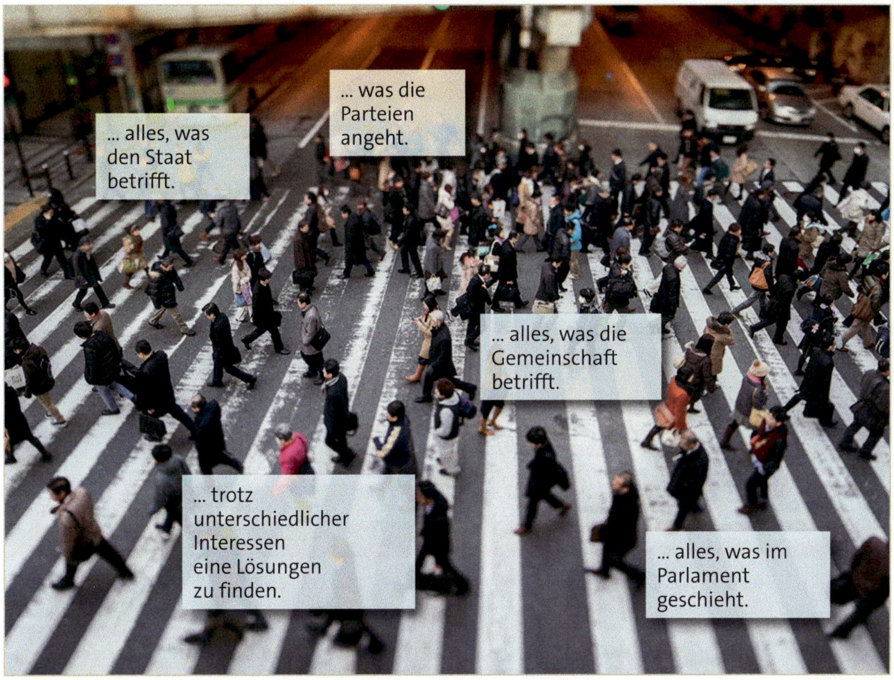

M4 Politik ist ...

M5 Ergebnisse der Shell-Studie 2015

... 41 Prozent der Jugendlichen bezeichnen sich heute als politisch interessiert. Damit einher geht die gestiegene Bereitschaft, sich politisch zu engagieren. Häufige Aktivitäten sind der Boykott von Waren aus politischen Gründen und das Unterzeichnen von Petitionen*. ... Jugendliche bringen den Parteien wenig Vertrauen entgegen. Auch große Unternehmen, Kirchen und Banken genießen eher weniger Vertrauen. Am meisten vertrauen Jugendliche dagegen Polizei, Gerichten sowie Menschenrechts- und Umweltschutzgruppen. ...
48 Prozent der Jugendlichen haben Angst vor Ausländerfeindlichkeit. ... Nur 29 Prozent fürchten sich vor Zuwanderung. Jugendliche interessieren sich für das Weltgeschehen, das ihnen allerdings auch Sorgen macht. Die gestiegene Terrorgefahr und der Krieg in der Ukraine sind im Bewusstsein der Jugendlichen stark präsent. ...

17. Shell-Jugendstudie: Eine Generation im Aufbruch, 13.10.2015; in: www.shell.de (Zugriff: 17.10.2015)

M6 Wenn ich Politiker/-in wäre ...

„Ich würde dafür sorgen, dass es mehr Spielplätze gibt, die auch in Ordnung gehalten werden."

Frederike (7)

„Ich würde Häuser bauen, damit die Leute, die als Obdachlose auf der Straße leben, auch ein Zuhause haben."

Thilo (11)

„Wegen der Umwelt würde ich schauen, dass die Leute mehr Bus und U-Bahn fahren."

Charlotte (10)

1. Fasst eure Meinung über Politik in einer Aussage zusammen (s. **M4**).
2. Erarbeitet in Partnerarbeit eure Meinung zu den Aussagen von **M1** und notiert die Ergebnisse in euer Arbeitsheft.
3. Untersucht **M4**: Welche Aussage drückt eurer Meinung nach am besten aus, was Politik ist? Nennt weitere Aussagen.
4. Nehmt Stellung zu den Ergebnissen der Shell-Studie (**M2**). Berücksichtigt dazu die Aussagen in **M3**.
5. Notiert, was ihr tun würdet, wenn ihr Politikerin/Politiker wärt. Vergleicht mit **M6**.
6. Der Vertreter einer politischen Partei beklagt: „Es ist wirklich besorgniserregend. Die Jugend von heute hat keine Lust, sich politisch zu engagieren." Erarbeitet eine begründete Stellungnahme zu dieser Behauptung. Berücksichtigt dazu auch **M5**.

Mitbestimmung braucht Spielregeln

M 1 Was meinst du? Worüber alle Familienmitglieder mitentscheiden sollten:

1. Wie das Familieneinkommen verwendet wird.
2. Wohin die nächste Urlaubsreise geht.
3. Ob in der Wohnung geraucht werden darf.
4. Wie viel Taschengeld Kinder und Jugendliche erhalten.
5. Wie die Hausarbeit aufgeteilt wird.
6. Wie laut die Musik in den einzelnen Zimmern sein darf.
7. Welche Farbe das neue Auto haben soll.
8. Ob überhaupt ein neues Auto angeschafft wird.
9. Wie Geburtstagsfeiern ablaufen sollen.
10. Welches Fernsehprogramm ausgewählt wird.

Demokratie in der Familie. *Bundeszentrale für politische Bildung: Was heißt hier Demokratie? Thema im Unterricht, Bonn 2004, S. 4*

M 2 Welche Ausgänge nehmen Konflikte?

Konflikte entstehen, wenn Menschen unterschiedliche Interessen haben. Konflikte sind nicht immer schlecht, es kommt darauf an, wie man Konflikte löst.
Gewinner/Gewinner-Lösung: Die Konfliktpartner können sich so einigen, dass alle Konfliktpartner mit einem guten Gefühl auseinandergehen.
Verlierer/Verlierer-„Lösung“: Die Konfliktpartner trennen sich, ohne dass einer von ihnen etwas für sich oder den anderen erreichen konnte. Keiner hat etwas gewonnen.
Gewinner/Verlierer-Lösung: Der Konflikt konnte nur beendet werden, weil einer der Beteiligten klein beigab.

W. Mattes (Hg.): Team 1. Paderborn, 1996, S. 21

M 3 „Tut mir leid, Herr Direktor – aber wir haben darüber abgestimmt.“ *Karikatur: Markus*

Ohne Regeln geht es nicht

Ob in der Familie, der Schule oder bei gesellschaftlichen sowie politischen Entscheidungen, ganz oft kommt es darauf an, die ganz unterschiedlichen Interessen und Wünsche vieler einzelner Personen zu berücksichtigen und zu einer Einigung zu kommen. Damit die meisten beteiligten Personen oder Gruppen mit der einmal getroffenen Entscheidung einverstanden sind, muss die Entscheidungsfindung nach demokratischen Spielregeln erfolgen.

Spielregeln in der Kleingruppe: Beispiel Familie

Heute gehen wir von einem partnerschaftlichen Zusammenleben in der Familie aus. Vater und Mutter sind gleichberechtigt, die Kinder sind in ihren Interessen rechtlich geschützt. Was bedeutet das im Familienalltag?

Die Familie kann nur dann gut funktionieren, wenn jedes Familienmitglied das Gefühl hat, dass es seine Vorstellungen und Interessen einbringen kann und diese dann auch berücksichtigt werden. Je besser es gelingt, die verschiedenen Bedürfnisse und Meinungen unter einen Hut zu bringen, umso besser ist das Familienklima. „Unter einen Hut bringen“ heißt Übereinstimmung herzustellen. Wir sprechen dann vom **Konsensprinzip**.

Wie lässt sich ein Konsens herstellen?

Eine Möglichkeit besteht darin, den kleinsten gemeinsamen Nenner zum Ausgangspunkt zu machen, um so jedes Familienmitglied zu Abstrichen an seinen Maximalvorstellungen zu bewegen. Es bietet sich auch die Möglichkeit an, dem Familienmitglied, das am schlechtesten wegkommt, einen Ausgleich an-

zubieten. Es könnte z.B. für das Nachgeben bzw. die Benachteiligung bei dieser Entscheidungsfindung einen Vorzug in einem anderen Fall erhalten.
Bei der Entscheidungsfindung sind auch objektive Faktoren zu beachten. Dazu gehören z.B. die zur Verfügung stehenden Geldmittel, jahreszeitliche Einflüsse, das Alter der Kinder, schulische oder berufliche Zwänge.

Spielregeln in großen Gruppen: Beispiel Schule

Die Klassengemeinschaft ist eine größere Gruppe, die in festgelegten, überschaubaren Zeiträumen zusammen ist. Wegen der relativ großen Zahl der Mitschüler, die unter einen Hut gebracht werden müssen, erscheint hier das Konsensprinzip als Regel der Entscheidungsfindung wenig hilfreich. Wenn Schülerinnen und Schüler über Fragen, die die Klassengemeinschaft oder die Schule betreffen, mitbestimmen, wird deshalb das **Mehrheitsprinzip** angewendet, d.h., die Mehrheit entscheidet und die Minderheit muss diese Entscheidung anerkennen. Sie hat dafür die Chance, dass sich bei der nächsten Abstimmung ihre Meinung durchsetzt.

M4 Klasse bei der Entscheidungsfindung. *Karikatur: Daniel Hösch*

Mehrheitsprinzip = Kompromiss

Das Mehrheitsprinzip ist eine **Kompromisslösung**, die nicht unbedingt die richtige Entscheidung sein muss. Es gewährleistet aber, dass Konflikte friedlich ausgetragen werden. Mehrheitsentscheidungen sind immer korrigierbar und können bei der nächsten Abstimmung wieder rückgängig gemacht werden. Sie dürfen aber niemanden in seiner Existenz bedrohen und müssen immer für **Minderheiten** zumutbar sein. So möchte man z.B. einzelne Schüler bzw. Schülerinnen nicht von einer Klassenfahrt ausschließen, weil die Kosten zu hoch sind.

1 Beschreibt die Abbildung **M 3**. Nennt das Problem, auf das der Zeichner hinweisen möchte.
2 Bearbeitet **M 1**. Begründet eure jeweiligen Entscheidungen. Berücksichtigt auch: Welche Rolle spielt das Alter der Kinder, was verändert sich durch zunehmendes Alter?
3 Erläutert an Beispielen aus **M 1**, welche verschiedenen Ausgänge Konflikte nehmen können (**M 2**). Beschreibt auch, wie sich die Beteiligten bei den jeweiligen Lösungen fühlen und was eventuell noch im Nachhinein passieren könnte.
4 Deine Familie streitet über das Urlaubsziel im kommenden Sommer.
Du und deine Geschwister (sieben und fünfzehn Jahre alt) sind für Strandurlaub in Spanien, die Eltern wollen in Österreich wandern. Entwickelt in Rollenspielen verschiedene Lösungsmöglichkeiten für die Urlaubsentscheidung.
5 Formuliert Vorschläge für eine Klassenreise. Nennt Gesichtspunkte, die ihr berücksichtigen müsst, damit nicht einzelne Schüler oder Schülerinnen von der Klassenfahrt ausgeschlossen werden.
6 In eurer Klasse beleidigt ein Schüler eine Klassenkameradin. Diskutiert, ob die ganze Klasse darüber abstimmen soll, was mit dem Schüler passiert.

Wir führen eine Internetrecherche durch

Weitere bekannte Suchmaschinen sind:

www.lycos.de
www.ping.de
www.altavista.de
www.metacrawler.de (Metasuchmaschine*)
www.yahoo.com (Online-Katalog)
www.bing.com

* **Metasuchmaschine** Suchmaschine, die gleichzeitig mehrere Suchmaschinen „beauftragt"

Internetseiten finden – die Suchmaschine

Das Internet ermöglicht es, schnell an aktuelle Informationen zu beinahe jedem

M1 Startseite einer Suchmaschine.

Thema zu gelangen. Sie ergänzen die Inhalte aus dem Schulbuch, aus Nachschlagewerken oder anderen Medien. Am schnellsten funktioniert die Internetrecherche, wenn ihr eine passende Internetadresse kennt. Wenn nicht, dann helfen Suchmaschinen weiter. Das sind Programme, die mithilfe von einzelnen Suchbegriffen alle in einem Computer oder Computernetzwerk wie dem World Wide Web (www) gespeicherten Dokumente finden können.
Meist werden so viele Einträge angezeigt, dass ihr unmöglich alle anschauen könnt. Deshalb solltet ihr erfolgversprechend suchen, indem ihr mehrere Suchbegriffe kombiniert. Einige Suchmaschinen bieten Themenkataloge an, die häufig eine höhere inhaltliche Qualität haben.

M2 Checkliste für die Internetrecherche

1. Schritt: Startet die Suchmaschine
Gebt in das Adressfeld der Internet-Startseite entweder die gewünschte Adresse oder die Kennung der Suchmaschine ein. Drückt die Enter-Taste, um die Suche zu starten.

2. Schritt: Gebt einen Suchbegriff ein
Fügt den Suchbegriff ein und entsprechende Websites werden angezeigt. Manchmal ist es sinnvoll, erst nach Oberbegriffen zu suchen, um dann weiter ins Detail zu gehen. Dies ist dann der Fall, wenn ein Begriff auch in anderen Bereichen benutzt wird oder so selten ist, dass eine Suchmaschine ihn nicht findet.

3. Schritt: Wählt die Website(s) aus
Wählt aus den gefundenen Einträgen einige aus. Auf den Seiten finden sich oft Links, die weitere Informationen zum Thema bieten. Dabei werdet ihr feststellen, dass einige Seiten nicht zu eurem Thema passen. Wenn keine der gefundenen Seiten geeignet ist, solltet ihr zum zweiten Schritt zurückkehren und einen anderen Suchbegriff eingeben.

4. Schritt: Speichert die Information(en) auf dem Computer ab
Die wichtigen Informationen werden markiert und auf dem Computer abgespeichert. Manchmal verbergen sich hinter einem Link ganze Buchkapitel oder Aufsätze. Markiert die Seiten oder Absätze, die euch wichtig erscheinen. Denkt daran, die genaue Adresse der Website als Quelle zu kopieren, damit eure Lehrerin, euer Lehrer die Fundstelle überprüfen kann. In einem Referat oder Bericht müsst ihr übernommene Gedanken und Informationen stets kennzeichnen.

5. Schritt: Druckt sparsam
Druckt nur wirklich wichtige Informationen für eure weitere Arbeit aus und spart so Papier und Toner. Sofern ihr in eurer Schule arbeitet, fragt vorher eure Lehrerin oder euren Lehrer, ob und wie viel ihr drucken dürft.

M3 Beispiel einer Internetseite zum Thema „Kindermitbestimmung". *Screenshot*

Beispiel: Internetrecherche zum Thema „Mediennutzung"

1. Schritt: Startet die Suchmaschine
Gebt ins Adressfeld z.B. die Suchmaschine www.google.de ein. Drückt die Enter-Taste, um das Programm zu starten.

2. Schritt: Gebt einen Suchbegriff ein
Fügt in das Suchfeld die Begriffe „Kindermitbestimmung" ein und startet die Suchmaschine durch Anklicken der Taste „Google-Suche".

3. Schritt: Wählt die Website(s) aus
Wählt aus der angezeigten Liste von Internetseiten zum Thema Kindermitbestimmung eine Internetseite aus. Entscheidet, ob die Informationen für das Thema wichtig und aktuell sind.

4. Schritt: Speichert die gesuchten Information in einem neuen Ordner
Öffnet einen neuen Ordner und eine neue Datei. Markiert den gefundenen Artikel und speichert ihn mit der Quellenangabe auf dem Computer in dem neuen Ordner ab.

Tipp: Ihr könnt auch Bilder suchen, aufrufen, drucken und speichern. Dazu klickt ihr bei Google „Bilder" statt „Web" an. Anschließend geht ihr nach den Schritten 2 bis 4 vor.

1 Führt mithilfe der Schritte 1 bis 4 (M 2) eine Internetrecherche durch und sucht Informationen zum Thema „Kindermitbestimmung".
2 Sucht mithilfe der Schritte 1 bis 4 passende Bilder.
3 Speichert alle Ergebnisse. Denkt daran, die jeweilige Quelle zu notieren.
4 Wertet die gesammelten Ergebnisse aus und stellt sie unter Angabe der Quellen euren Mitschülerinnen und Mitschülern vor.

M 1 Welche Voraussetzungen sollte ein/-e Klassensprecher/-in haben?

? !

gute Noten
hilfsbereit
mutig
laute Stimme
wortgewandt
groß und stark
zuverlässig
lustig
zurückhaltend
vermittelnd
empfindlich
gut aussehend
begeisterungsfähig
rechthaberisch
freundlich
ehrlich
cool
durchsetzungsfähig

Die Klasse 8 a im Wahlkampffieber

Gleich elf Schülerinnen und Schüler haben sich als Kandidaten für das Amt des Klassensprechers aufstellen lassen: Nicole, Tobias, Olga, Martin, Ömer, Franz, Andi, Maria, Songül, Jessica und Maike. Einige Schüler wissen noch nicht, wen sie wählen sollen, und diskutieren:

Sabrina: „Ich wähle Songül. Die ist immer aufmerksam und fleißig. Sie hat mir schon vieles erklärt."

Ayshe: „Und sie hat letztes Jahr der Lehrerin mutig gesagt, dass diese den Dieter ungerecht behandelt hat."

Kevin: „Mag ja sein! Aber der Tobias ist viel stärker und kann sich besser durchsetzen!"

Claudia: „Der Franz hat gesagt, er wird es uns schon zeigen, wenn wir ihn nicht wählen."

Thomas: „Am besten wähle ich niemanden. Dann kann mir auch keiner etwas vorwerfen."

Chris: „Ich finde, es sollten nur die wählen, die letztes Jahr schon in unserer Klasse waren."

M 2 Gesetzliche Grundlagen

§ 72 (1) Schülerinnen und Schüler wirken in der Schule mit durch:
1 Klassenschülerschaften sowie Klassensprecherinnen und Klassensprecher,
2 den Schülerrat sowie Schülersprecherinnen und Schülersprecher,
3 Vertreterinnen und Vertreter in Konferenzen, Ausschüssen und im Schulvorstand. Die Mitwirkung soll zur Erfüllung des Bildungsauftrags der Schule beitragen.
(2) In den Ämtern der Schülervertretung sollen Schülerinnen und Schüler gleichermaßen vertreten sein. Ferner sollen ausländische Schülerinnen und Schüler in angemessener Zahl berücksichtigt werden.
§ 73 Klassenschülerschaft
In jeder Klasse vom 5. Schuljahrgang an (Klassenschülerschaft) werden eine Klassensprecherin oder ein Klassensprecher (Klassenvertretung), deren oder dessen Stellvertreterin oder Stellvertreter sowie die Vertreterinnen oder Vertreter in der Klassenkonferenz und deren Ausschuss nach § 39 Abs. 1 oder 2 gewählt. ...
§ 74 Schülerrat
(1) Die Klassenvertretungen bilden den Schülerrat der Schule. Dieser wählt die Schülersprecherin oder den Schülersprecher und eine Stellvertreterin oder einen Stellvertreter oder mehrere Stellvertreterinnen oder Stellvertreter aus seiner Mitte sowie die Vertreterinnen oder Vertreter in der Gesamtkonferenz. ...

Niedersächsisches Schulgesetz vom 3. März 1998, zuletzt geändert durch das Gesetz vom 3. Juni 2015

Der erste Wahlgang

Nachdem noch eine Weile in der Klasse beraten wurde, geben alle 28 Schülerinnen und Schüler ihre Stimmen ab. Thomas und Ayshe haben sich zum Auszählen der Stimmzettel gemeldet. Das Ergebnis wird an der Tafel festgehalten:

Nicole	2	Andi	2
Tobias	7	Maria	1
Olga	2	Songül	7
Martin	2	Jessica	1
Ömer	2	Maike	1
Franz	1		

Songül und Tobias haben in diesem Wahlgang gewonnen. Sie haben die meisten Stimmen im Vergleich zu den anderen. Eine solche Mehrheit wird **„relative Mehrheit“** genannt.

Stichwahl

„Jetzt gibts ein Stechen“, ruft Kevin aufgeregt in die Klasse. Und nach einer kurzen Bedenkzeit geben die Schülerinnen und Schüler erneut ihre Stimmzettel ab. Sie mussten sich nun entscheiden zwischen Tobias und Songül.
Thomas und Ayshe geben das Ergebnis des zweiten Wahlgangs bekannt:

Tobias	15	Songül	13

Damit ist Tobias mit mehr als der Hälfte der Stimmen zum neuen Klassensprecher der 8a gewählt. Er hat die **„absolute Mehrheit“** (mehr als die Hälfte der Stimmen) erreicht. Songül ist seine Stellvertreterin.

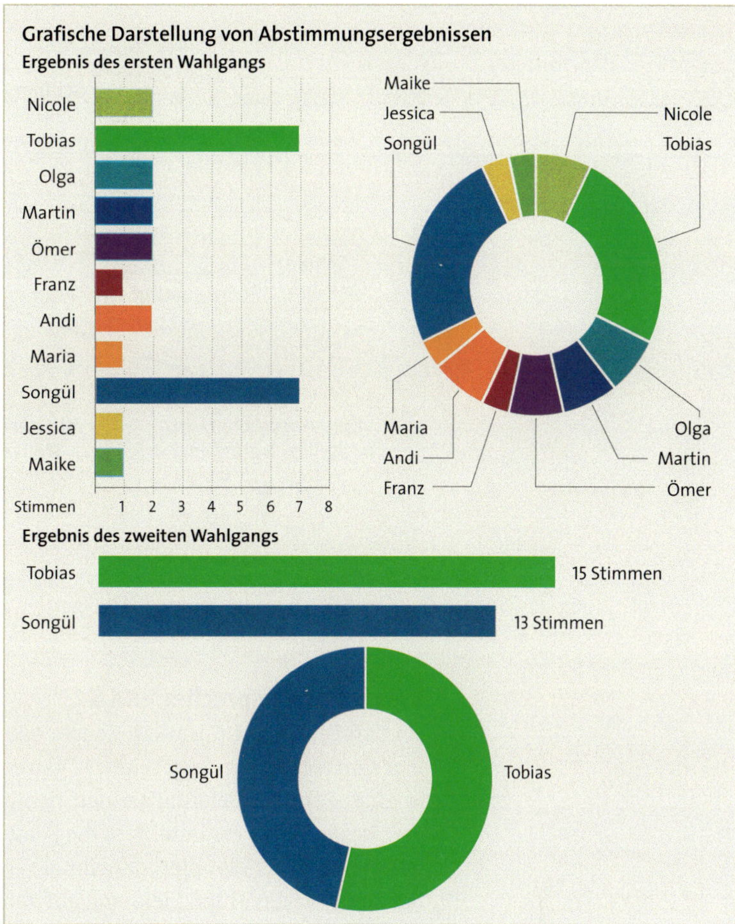

M 3 Grafische Darstellungen von Abstimmungsergebnissen

1 a Erarbeitet mithilfe einer Gruppenhitliste fünf Eigenschaften, die ein/-e Klassensprecher/-in haben sollte (**M 1**).
b Tragt eure Gruppenentscheidung der Klasse vor und begründet diese.
c Stimmt abschließend über die wichtigsten drei Merkmale ab.

2 Die Klasse 8a ist im Wahlkampffieber: Gebt an, welcher Meinung aus dem Text ihr euch anschließen würdet, und begründet eure Auswahl.

3 Erörtert, was passieren würde, wenn jeder so denkt wie Thomas.

4 Erklärt die Begriffe „relative Mehrheit“ und „absolute Mehrheit“. Ordnet die Schaubilder in **M 3** den Begriffen zu und begründet.

5 Legt fest, wie euer Klassensprecher und sein Stellvertreter gewählt werden sollen. Diskutiert folgende Fragen: „Hat man nur eine Stimme oder zwei?“, „Wählen wir offen oder geheim?“, „Müssen ein Mädchen und ein Junge gewählt werden?“ etc.

6 Nennt Wahlen, die außerhalb der Schule stattfinden.

Die Schülervertretung

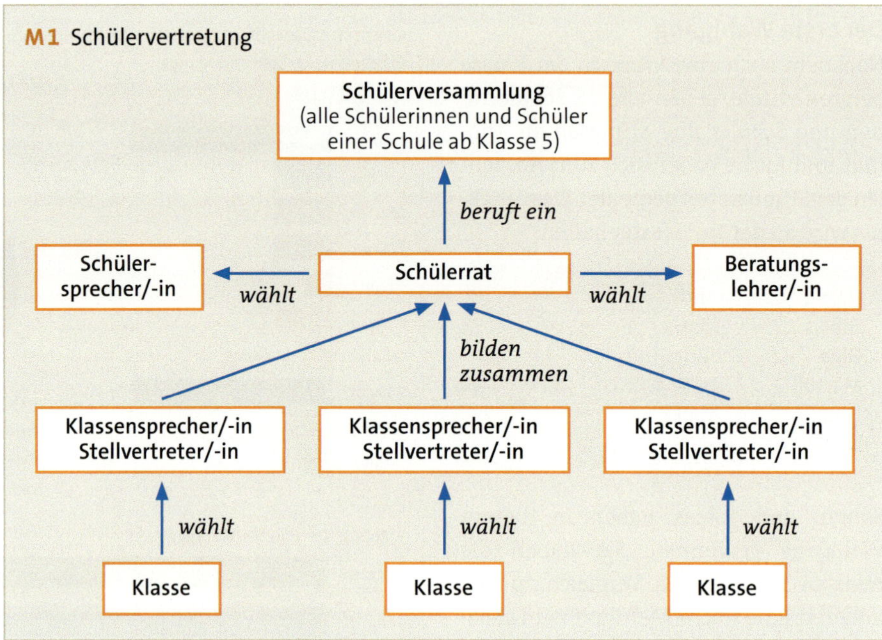

Wozu Klassensprecher und SV?

„In den Ferien hat mir mein Cousin einmal sein Schulgelände gezeigt. Da gab es in einer Ecke des Schulhofs einen richtigen Pizzaofen. Er erzählte, dass die Schülerinnen und Schüler hier manchmal selber Pizza backen. Hüpfspiele sind auf den Boden gezeichnet. Eine Malwand, Tischtennisplatten und ein Streetball-Korb sind da“, berichtet Michael seinen Freunden Achmed und Max.

„So etwas müsste es bei uns auch geben, dann wäre es in den Pausen nicht so langweilig“, entgegnet Achmed und wendet sich an Max: „Kannst du da nichts versuchen? Du bist doch jetzt unser Klassensprecher!“ „Na gut“, sagt Max, „ich werde das Thema bei der nächsten Klassensprecherversammlung vorschlagen. Die SV kann mehr erreichen als ein Einzelner.“

„Die SMV – davon habe ich noch nie gehört. Was ist denn das?“, will Franz wissen. Songül weiß Genaueres: „Das heißt SV. SV steht für Schülervertretung. Alle Klassensprecher und ihre Stellvertreter wirken daran mit.

Die SV kann das Schulleben mitgestalten. Sie kann

- Schülersprecher und Beratungslehrer wählen,
- mit Lehrern und Eltern im Schulvorstand und in der Gesamtkonferenz wichtige Angelegenheiten beraten,
- Schulveranstaltungen anregen,
- zur Ordnung an der Schule beitragen,
- Interessen der Schüler vertreten, z.B. bei der Umgestaltung des Pausenhofes.“

M2 Auch bei der Gestaltung eines Schulhofs haben Schülerinnen und Schüler Interessen.

M3 Aus dem niedersächsischen Schulgesetz

§ 80 Mitwirkung in der Schule

(1) Von den Klassenschülerschaften und dem Schülerrat sowie in Schülerversammlungen der Schule ... können alle schulischen Fragen erörtert werden. Private Angelegenheiten von Lehrkräften sowie von Schülerinnen und Schülern dürfen nicht behandelt werden. An den Schülerversammlungen der Schule nehmen nur die Schülerinnen und Schüler vom 5. Schuljahrgang an teil. ...

(2) Die Vertreterinnen und Vertreter im Schulvorstand, in den Konferenzen und Ausschüssen berichten dem Schülerrat oder der jeweiligen Klassenschülerschaft regelmäßig über ihre Tätigkeit. ... Der Schülerrat kann den Schülern der Schule über seine Tätigkeit berichten.

(3) Schülerrat und Klassenschülerschaften sind von der Schulleitung, dem Schulvorstand oder der zuständigen Konferenz vor grundsätzlichen Entscheidungen, vor allem über die Organisation der Schule und die Leistungsbewertung, zu hören. Inhalt, Planung und Gestaltung des Unterrichts sind mit den Klassenschülerschaften zu erörtern.

(4) Schulleitung und Lehrkräfte haben dem Schülerrat und den Klassenschülerschaften die erforderlichen Auskünfte zu erteilen.

(5) Die Sprecherinnen und Sprecher vertreten die Schülerinnen und Schüler gegenüber Lehrkräften, Konferenzen, Schulvorstand, Schulleitung und Schulbehörden. Alle Schülervertreterinnen und Schülervertreter können von den Schülerinnen und Schülern mit der Wahrnehmung ihrer Interessen beauftragt werden.

(6) Der Schülerrat kann sich unter den Lehrkräften der Schule Beraterinnen und Berater wählen. Der Schülerrat kann beschließen, dass stattdessen diese Wahl von den Schülerinnen und Schülern der Schule unmittelbar durchgeführt wird.

(7) Die Benutzung der Schulanlagen ist für die Versammlungen nach den Absätzen 1 bis 3 sowie für die Beratungen der Schülervertreterinnen und Schülervertreter gestattet.

(8) Für Versammlungen und Beratungen ist im Stundenplan der Schulen wöchentlich eine Stunde, im Stundenplan der Teilzeitschulen monatlich eine Stunde, innerhalb der regelmäßigen Unterrichtszeit freizuhalten. Während der Unterrichtszeit dürfen jährlich je vier zweistündige Schülerversammlungen und Schülerratssitzungen stattfinden; weitere Sitzungen während der Unterrichtszeit bedürfen der Zustimmung der Schulleitung. Im Übrigen finden Versammlungen und Beratungen in der unterrichtsfreien Zeit statt.

Niedersächsisches Schulgesetz vom 3. März 1998, zuletzt geändert durch das Gesetz vom 3. Juni 2015

M4 Wichtige Organe einer Schule in Niedersachsen

Die Gesamtkonferenz:
Sie entscheidet unter anderem über das Schulprogramm und die Schulordnung und über Grundsätze von Leistungsbewertungen. In ihr sind alle Lehrkräfte, Vertreter der Eltern und der Schüler vertreten.

Der Schulvorstand:
Der Schulvorstand berät unter anderem die Qualitätsentwicklung der Schule, beschließt über die Finanzen und die Stundentafel. In ihm sind Vertreter der Lehrer, Eltern und Schüler für ein bzw. zwei Jahre tätig.

Die Schulleiterin / der Schulleiter:
Sie/er hat die Gesamtverantwortung für die Schule und trifft alle wichtigen Entscheidungen, wenn nicht dafür die Gesamtkonferenz oder der Schulvorstand zuständig ist.

1 Beschreibt mithilfe von **M1**, wie sich die SV zusammensetzt.

2 Ladet eure Schülersprecher zum Gespräch ein. Sie sollen euch über ihre Aufgaben, Rechte, Pflichten und Vorhaben informieren. Bereitet euch darauf vor, indem ihr Fragen erarbeitet.

3 Entwerft eine Übersicht, in der ihr die Rechte des Schülerrats darstellt.

4 Erklärt, wie vorgegangen werden muss, wenn Schüler einer Klasse sich wünschen, dass in der Schule am Nachmittag warme Getränke angeboten werden sollen.

Konflikte erkennen – Konflikte lösen

Nicht alle Schüler haben die gleichen Wünsche und Bedürfnisse. – So können schnell Streitigkeiten und Probleme entstehen. Auch wenn zwei verschiedene Meinungen aufeinandertreffen, kann es zu Konflikten kommen. Meist geht es darum, dass eine Seite ihren Willen durchsetzen will oder Recht behalten möchte. Konflikte können aber auch aufgrund von Vorurteilen entstehen.

An vielen Schulen gibt es Hilfen beim Umgang mit Konflikten.

M 1 Das meint Anton (14):

„Wer ein großes Problem mit einer anderen Person aus der Schule hat, kann sich an unsere Streitschlichter wenden. Das sind besonders geschulte ältere Mitschüler, die zu bestimmten Zeiten im Streitschlichterzimmer anzutreffen sind. Im gemeinsamen Gespräch mit den Beteiligten versuchen sie bei der Problemlösung zu helfen."

M 2 Das sagt Anna (13):

„Wenn es bei uns in der Klasse kracht, halten wir eine Klassenkonferenz ab. Unter der Leitung der Lehrerin wird das Problem ausführlich besprochen. Dabei müssen festgelegte Gesprächsregeln eingehalten werden. Danach wird nach einer Lösung gesucht, die für alle Beteiligten akzeptabel ist."

M 3 Tipps zur Entschärfung von Konflikten

Dem anderen ganz genau zuhören ...	... und Beleidigungen vermeiden.
Den anderen ...	... aber nicht so, dass der andere sich zwangsläufig bedrängt fühlt.
Man darf auch sagen, ...	... in Ruhe ausreden lassen.
Den eigenen Standpunkt nachdrücklich vertreten, ...	... und Unwahres behaupten.
Nicht sofort beleidigt sein ...	... um Missverständnisse zu vermeiden.
Wirklich an einer Lösung interessiert sein und ...	... dass man enttäuscht ist.
Dem Gegenüber nichts unterstellen ...	... einen fairen Kompromiss anstreben.

M 4 Krissi in Not

... Als Krissi zehn Minuten später die Treppe runterkommt, steht dort Henny. Scheiße, denkt er. Er will schnell zurück. Aber Herr Winkler hat den Werkraum schon abgeschlossen. ...

„Das ist ja eine Überraschung!", ruft Henny und baut sich grinsend vor ihm auf.

Er kriegt Angst. Was soll ich tun?, fragt sich Krissi. Er kann keinen anderen Weg gehen, also versucht er freundlich an ihr vorbeizukommen. Er hält sein Flugzeug hinter den Rücken.

Jetzt tauchen auch Bossy und Peter aus dem Hintergrund auf. Sie grinsen genauso gemein wie Henny.

„Jetzt zeig doch mal, was du da Schönes hast." Henny reißt ihm das Flugzeug aus der Hand und zerbricht es vor seinen Augen in der Luft. „Pech gehabt, Kleiner", sagt sie.

„Sorry", sagt Bossy, packt ihn an der Schulter und schiebt ihn hinten in den Hof, wo kein Lehrer hinkommt. „Wir wollen uns mal einen Augenblick unterhalten, ja, Kleiner?"

Elisabeth Zöller: Und wenn ich zurückhaue?, S. 51f., Thienemann Taschenbuch bei Omnibus, Stuttgart-Wien, 2000

Mobbing und Bullying

Man spricht von Mobbing, wenn ein Einzelner oder eine Gruppe immer wieder jemanden belästigt oder bedroht. Kommt es zu regelmäßigen gewalttätigen Übergriffen, bezeichnet man dies als Bullying.

M 5 Was man tun kann, wenn man Betroffenen helfen will.

1. So tun, als ob man nichts mitbekommen hätte.
2. Dem Mobber aus dem Weg gehen.
3. Sich einmischen und den Mobber angreifen.
4. Tun, was der Mobber verlangt.
5. Die Lehrer informieren.
6. Eltern/Erwachsene um Rat bitten.
7. Freunde informieren und versuchen, eine Gegenwehr aufzustellen.
8. Versuchen, mit dem Mobber vernünftig zu sprechen.

Was ihr noch tun könnt:

„Nummer gegen Kummer"
(0800) 111 03 33
(gebührenfrei)
Mo–Fr 15.00–19.00 Uhr
Kinderschutzbund

1 Informiert euch über das Hilfsangebot an eurer Schule (**M 1**, **M 2** und **M 5**).

2 Formuliert sinnvolle Tipps zur Entschärfung von Konflikten und schreibt sie in euer Heft (**M 3**).

3 **a** Beschreibt, welche Konflikte es in eurer Klasse gibt.
b Wählt einige Konflikte aus und erarbeitet in Gruppen Lösungsvorschläge.
c Stellt eure Ergebnisse der Klasse vor und diskutiert sie.

4 **a** Spielt die im Text **M 4** dargestellte Szene nach (Rollenspiel). Berichtet, wie ihr euch in den Rollen gefühlt habt.
b Versetzt euch in die Lage von Krissi und den „Schlägerkids". Überlegt, wie es zu dieser Situation gekommen sein kann.
c Besprecht, wie diese Szene weitergehen könnte.
d Diskutiert die verschiedenen Möglichkeiten, Hilfe zu leisten (**M 5**), und findet weitere.
e Entscheidet, welche Möglichkeiten für dich infrage kommen.
f Denkt euch in Gruppen Lösungsmöglichkeiten für das Textbeispiel aus und stellt sie der Klasse vor.

Aufgaben der Gemeinden

M1 Schwimmbad

M2 Winterdienst

M3 Julias erste Stunde am Morgen

6.30 Uhr	Julia steht auf. Der Montagmorgen im November ist trüb und kalt. Julia schaltet alle Lichter an und geht unter die Dusche.
6.45 Uhr	Auf dem Frühstückstisch liegt ein Zettel von Mutti: „Abfall nicht vergessen!" – Julia nimmt schnell noch den Stapel Altpapier und schiebt die blaue Tonne vor das Hoftor.
7.10 Uhr	Nach dem Frühstück ist es höchste Zeit. Eilig packt Julia noch zwei Schulbücher ein.
7.15 Uhr	Julia schiebt ihr Rad aus der Garage und macht sich auf den Weg in die Schule. Seit der neue Fahrradweg fertig ist, braucht sie nur zehn Minuten für ihren Schulweg.
7.20 Uhr	Ihr Weg führt an der Stadtbücherei vorbei. Beim Feuerwehrhaus um die Ecke wäre sie beinahe mit Herrn Müller vom Bauhof zusammengestoßen, der gerade die großen Blumentöpfe winterfest macht.
7.25 Uhr	Julia stellt ihr Fahrrad ab. Ihre Freundinnen kommen mit dem Schulbus an.
7.30 Uhr	Julia und Iris besprechen, dass sie am Nachmittag ihre Kinderausweise, die sie für die Klassenfahrt brauchen, abholen.

M4 Aufgaben einer Gemeinde

Verkehrswesen
Straßen, Radwege

Bildung, Volkshochschule
Schulen, Kindergärten

Öffentliche Sicherheit
Feuerschutz, Gewerbeaufsicht, Baupolizei

Sozialhilfe
Sozialfürsorge, Altersheime, Obdachlosenasyle

Kultur
Bücherei, Theater, Orchester, Museen

Versorgung, Wohnungswesen
Wasser, Strom, Gas, Wohnungsbau, Stadtplanung, Wirtschaftsförderung, Abfallentsorgung, Kanalisation, Grünanlagen, Friedhöfe

Gesundheits- und Jugendpflege
Naherholung, Krankenhäuser, Spielplätze, Sportstätten

Weitere Aufgaben und Ämter
Standesamtswesen, Lebensmittelkontrollen (u.a. des Fleischbestandes), Einwohnermeldewesen, statistische Arbeiten

In Gemeinden leben

Die Bezeichnung **Gemeinde** wird für Dörfer oder Städte verwendet. Das Wort stammt von „gemein" ab und bedeutet in diesem Zusammenhang „auf die Allgemeinheit bezogen". Wenn in eurem Ort z.B. ein neues Schwimmbad gebaut oder ein neue Straße geplant wird, dann ist das eine Entscheidung der Gemeinde. Gemeinden sind die kleinsten politischen Einheiten des Staates. Hier werden Entscheidungen getroffen, die die Bürgerin/den Bürger unmittelbar betreffen. Dabei unterscheidet man zwischen den **Pflichtaufgaben** einer Gemeinde (z.B. Feuerwehr, Abwasserversorgung) und den **freiwilligen Aufgaben** einer Gemeinde. Die freiwilligen Aufgaben machen den Einwohnern das Leben in der Gemeinde angenehmer (z.B. Schwimmbäder, Bolzplätze, Jugendzentren).

In Niedersachsen leben 7,8 Millionen Menschen in Dörfern und Städten. Dazu zählen große Städte wie Hannover und Braunschweig mit jeweils über 150 000 Einwohnern oder Aurich mit über 40 000 Einwohnern. Daneben gibt es 703 Verbandsgemeinden, in denen die kleineren Gemeinden zusammen verwaltet werden.

Der Rat (Gemeinderat oder Stadtrat) ist die höchste Einheit einer Gemeinde. Die gewählten Ratsmitglieder treffen alle wichtigen Entscheidungen. Die Gemeinde- oder Stadtverwaltung wird von einer/einem gewählten Bürgermeister/-in geleitet. In großen Städten leitet ein Oberbürgermeister die Verwaltung. Die Verwaltung führt die Beschlüsse des Rates durch und erfüllt viele Aufgaben für die Bürgerinnen und Bürger auf Gemeindeebene.

M5 Mitarbeiter in einem Rathaus

M6 Ort der kommunalpolitischen Entscheidungen: das Rathaus. Hier das Rathaus der Stadt Osnabrück. *Foto 2015*

1 Beschreibt alle Aufgaben einer Gemeinde, die in der Beschreibung von Julias erster Stunde am Morgen enthalten sind (M3, M4).

2 Geht einzeln oder zu zweit am Nachmittag in das Verwaltungsgebäude / das Rathaus eures Ortes und stellt fest, welche Einrichtungen es gibt. Erkundigt euch, welche Aufgaben einzelne Ämter übernehmen. Berichtet davon in der Klasse.

3 Nennt mögliche Gründe, die zu der Unterteilung in Pflichtaufgaben und freiwillige Aufgaben einer Gemeinde geführt haben (Text).

4 Erörtert, welche der in **M4** genannten Aufgaben Pflichtaufgaben der Gemeinde sind.

Steckbrief unserer Gemeinde

M1 Lage der Gemeinde Verden im Landkreis Verden

Die Website unserer Gemeinde

Fast jede Gemeinde und viele ihre Ortsteile haben eine Website, auf der sie über die Gemeinde informieren. Dort kann man Informationen über die Behörden, über die Sehenswürdigkeiten und über aktuelle Ereignisse finden.

Beispielsweise gliedert die Stadt Verden ihre Website so:

- Leben in Verden
- Tourismus
- Wirtschaft
- Rathaus

Zahlreiche weitere Seiten informieren ausführlich über die Stadt:

- Flüchtlinge im Landkreis; Fragen und Antworten
- Verden verreist
- Reiterstadt
- Bildergalerie
- Aktuelle Themen

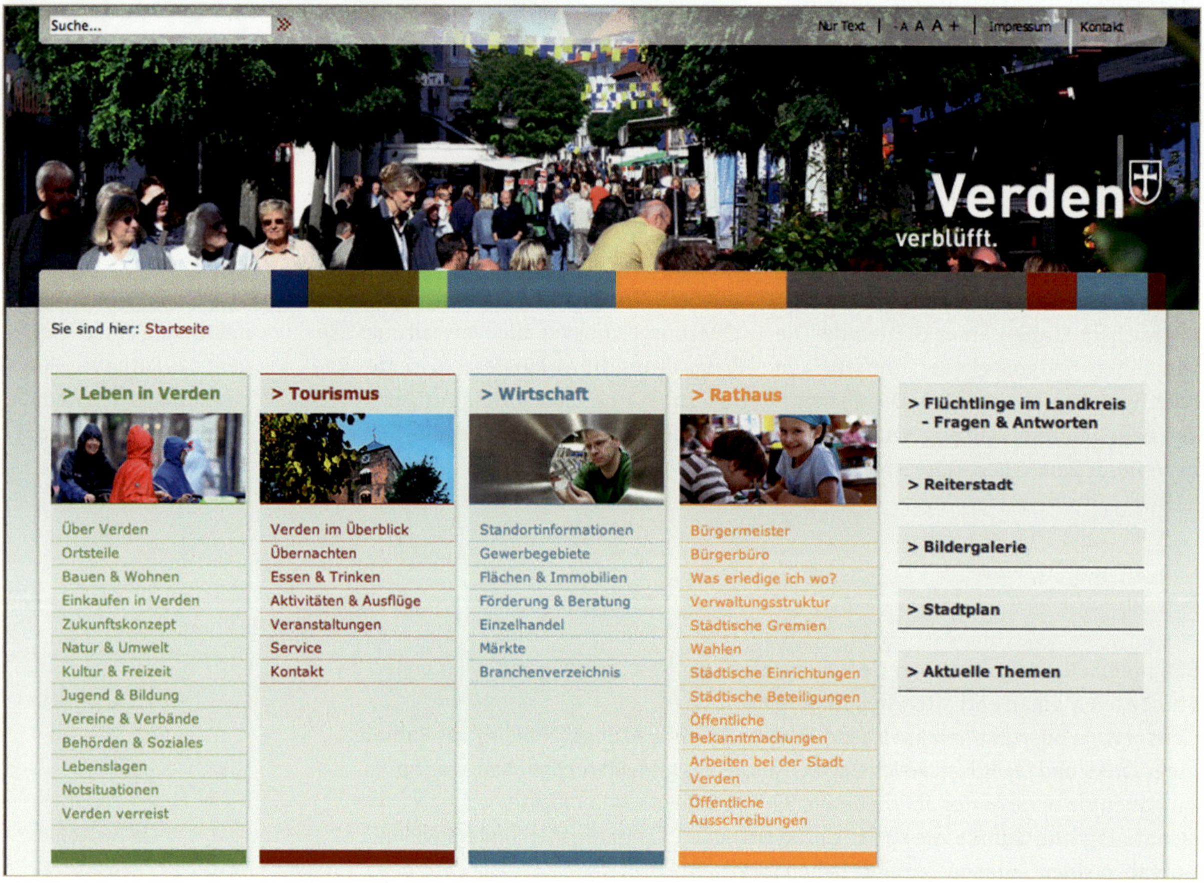

M2 Homepage von Verden/Aller

Leinstadt – grüne Perle von Niedersachsen

Schule hat begonnen!

In unserer Gemeinde hat Mitte August die Schule wieder begonnen. Besonders auf unsere neuen Abc-Schützen sollten Sie, liebe Autofahrerinnen und Autofahrer, in den nächsten Wochen besondere Rücksicht nehmen. Kinder laufen oft ohne nachzudenken zwischen Autos hervor. Sie haben als erwachsene Verkehrsteilnehmer hier eine besondere Verpflichtung. mehr ...

Neues Keglerzentrum in Randstätten

„Wer rastet, der rostet" – das wissen auch die Senioren der Seniorenstätte „Schöne Aussicht" an der Waldstraße. Sie waren die Ersten, die am letzten Samstag im Juli bei der Eröffnung der neuen Kegelbahnen in Randstätten zeigen konnten, was noch in ihnen steckt. Bürgermeisterin Elisabeth Müller hielt eine launige Rede, die auf die lange Geschichte dieses Standortes hinwies. mehr ...

Ernte gut – alles gut

Der sonnenreiche Sommer mit seinen mäßigen Niederschlägen hat in unserer Region zu einer Rekordernte geführt. Die Arbeitsgemeinschaft der örtlichen Landwirte konnte auf einer Informationsveranstaltung im Gemeindezentrum „Westort" eine positive Bilanz ziehen. mehr ...

Wir steigen Ihnen aufs Dach!

Infolge der gesetzlichen Änderungen werden Solaranlagen ab Beginn des nächsten Jahres steuerlich stark begünstigt. Eine Sprecherin der Verbraucherzentrale macht auf die vielen Vorteile aufmerksam. mehr ...

M 3 Website einer Phantasiestadt

Unsere Gemeinde in der Stadt- oder Schulbibliothek

In den örtlichen Büchereien oder in der Schulbibliothek findet ihr Bücher und Chroniken zur Geschichte eurer Gemeinde oder Stadt. In größeren Städte gibt es Stadtbibliotheken, die ihre Bücher in einem elektronischen Katalog verzeichnet haben. Über das Internet kann man in ihnen nach Informationen suchen.

Im Katalog der Stadtbibliothek Verden (http://www.stadtbibliothek-verden.de) findet sich z.B. unter dem Stichwort „Verden": Mönch, Jochen: Verden an der Aller, Verlag Oltmanns + Buerfeind 1982.

1. Ruft die Website eurer Gemeinde auf und gebt wieder, was auf ihr berichtet wird.
2. Erstellt nach dem Beispiel der Tätigkeitsfelder, die in **M 2** genannt sind, einen eigenen Steckbrief eurer Gemeinde.
3. Beurteilt den Aufbau der Website eurer Gemeinde. Ist sie aktuell und nutzerfreundlich?
4. Sucht im Katalog eurer Stadtbibliothek oder in eurer Schulbibliothek Bücher über eure Gemeinde. Informiert die Klasse über die Bücher.

M1 Wahllokal in einer Grundschule in Niedersachsen. Kommunalwahl 2011

Art. 20 Abs. 2 GG
Alle Staatsgewalt geht vom Volke aus. Sie wird vom Volke in Wahlen und Abstimmungen ... ausgeübt.

Aktives Wahlrecht
Das aktive Wahlrecht ist das Recht, bei einer Wahl einen zur Wahl stehenden Wahlberechtigten zu wählen.

Passives Wahlrecht
Das passive Wahlrecht (auch Wählbarkeit genannt) ist das Recht, bei einer Wahl von anderen Wahlberechtigten gewählt zu werden.

* **Kumulieren**
Anhäufen von Stimmen

* **Panaschieren**
Mischen von Stimmen auf verschiedenen Wählerlisten

Bürgerinnen und Bürger entscheiden

Alle fünf Jahre werden in Niedersachsen die Gemeinderäte bzw. Stadträte und die Kreisräte in den Landkreisen gewählt. Auch die Bürgermeister, Landräte und der Regionspräsident werden direkt von den Bürgerinnen und Bürgern gewählt.

Die **Parteien** und freie Wählervereinigungen stellen für diese Wahlen Kandidaten auf, die sich in den örtlichen Wahlversammlungen den Wählerinnen und Wählern vorstellen. Mit der Teilnahme an der Wahl können die Bürgerinnen und Bürger am besten auf die örtliche Politik einwirken, denn viele Bereiche des täglichen Lebens werden direkt vor Ort bestimmt.

Wie wird gewählt?

Die Wählerinnen und Wähler erhalten je einen Stimmzettel für jede Wahl, an der sie teilnehmen (z. B. einen für die Wahl des Kreistags und einen für die Wahl des Rates ihrer Gemeinde, ggf. auch jeweils einen Stimmzettel für die Wahl eines Landrats oder eines Bürgermeisters).

Kumulieren und Panaschieren

Für die Wahl der Vertretungen (z. B. Kreistag, Gemeinderat) gilt ein Dreistimmenwahlrecht mit der Möglichkeit des Kumulierens* und des Panaschierens*.

Wählerinnen und Wähler können, anders als bei Bundestags- und Landtagswahlen, auf jedem Stimmzettel drei Kreuze machen. Sie können alle drei Stimmen einem Wahlvorschlag in seiner Gesamtheit (Gesamtliste) oder einem einzigen Bewerber auf einem Wahlvorschlag geben (Kumulieren). Die Stimmen können aber auch auf mehrere Gesamtlisten oder mehrere Bewerber desselben Wahlvorschlages oder verschiedener Wahlvorschläge verteilt werden (Panaschieren).

Das Wahlsystem setzt voraus, dass alle Bewerberinnen und Bewerber auf dem Stimmzettel aufgeführt sind. Da eine einzige Kandidatenliste für das gesamte Wahlgebiet (z. B. Gemeinde, Landkreis) eine zu große Zahl von Bewerberinnen und Bewerbern umfassen würde, erfolgt eine Aufteilung des Wahlgebietes in annähernd gleich große Wahlbezirke mit jeweils unterschiedlichen Kandidatenlisten.

Freie und geheime Wahlen

Für alle Wahlen gilt, dass sie allgemein, gleich, geheim, unmittelbar und frei sein müssen. Das bedeutet, dass alle Bürgerinnen und Bürger einer Gemeinde wählen dürfen. Jeder hat die gleiche Zahl an Stimmen, die Wahl muss geheim sein, also in einer Wahlkabine stattfinden. Die Kandidaten werden direkt von den Bürgerinnen und Bürgern gewählt und niemand darf die Wählerinnen und Wähler beim Wählen beeinflussen oder behindern.

M 2 Wer darf wählen?

Wahlberechtigt (sogenanntes aktives Wahlrecht) sind Deutsche oder Staatsangehörige eines anderen Mitgliedstaates der Europäischen Union, wenn sie am Wahltag 16 Jahre alt sind und

- seit mindestens drei Monaten im jeweiligen Wahlgebiet, in dem sie wählen wollen, ihren Wohnsitz haben ...,
- nicht aufgrund einer zivil- oder strafrechtlichen Gerichtsentscheidung vom Wahlrecht ausgeschlossen sind,
- in ein Wählerverzeichnis eingetragen sind oder einen Wahlschein haben.

Die Wählerverzeichnisse werden von den Gemeinden ... geführt. In das Wählerverzeichnis werden die Wahlberechtigten in der Regel automatisch eingetragen.

http://www.landeswahlleiter.niedersachsen.de (2015)

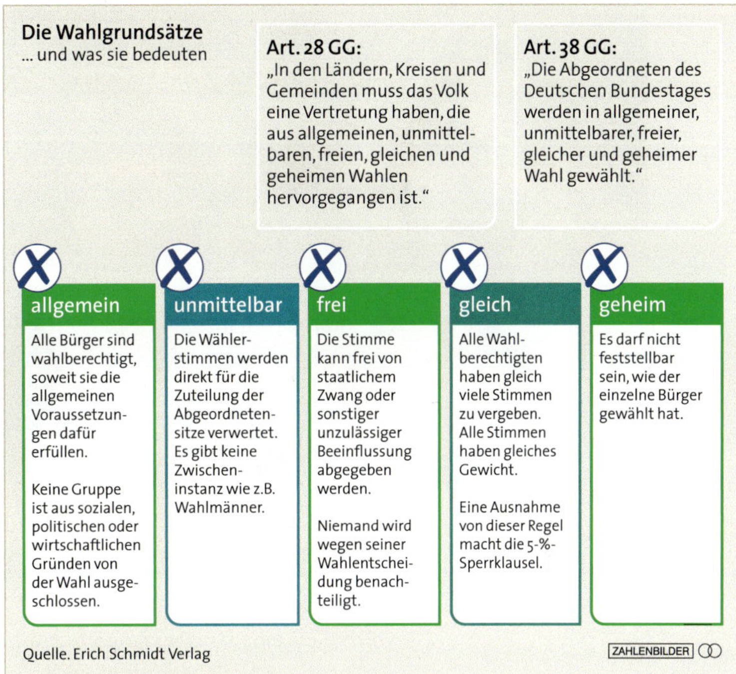

M 3 Die Wahlgrundsätze

M 4 Geringe Wahlbeteiligung 2011

Insgesamt wurden rund 2 200 parlamentarische Gremien auf Kreis-, Stadt- und Gemeindeebene gewählt. Die Wähler hatten bis zu sechs Stimmen. Entgegen den Prognosen gab es einen leichten Anstieg der Wahlbeteiligung. Anderthalb Stunden vor Schließung der Wahllokale hatten 44,3 Prozent der rund 6,5 Millionen Wahlberechtigten ihre Stimme abgegeben, vor fünf Jahren waren es zu diesem Zeitpunkt nur 42,1 Prozent gewesen.

AFP/DPA: CDU bleibt stärkste Kraft in Niedersachsens Gemeinden, Zeit Online v. 12.11.2011, in: http://www.zeit.de

1 Erklärt, auf welche Weise die Bürgerinnen und Bürger in Niedersachsen bei den Kommunalwahlen ihre Stimme abgeben können.
2 Erarbeitet die wichtigsten Bestimmungen zur Kommunalwahl (Text, M 2).
3 Begründet, warum nach den fünf Wahlgrundsätzen gewählt wird (Text, M 2, M 3).
4 Diskutiert, warum eine geringe Wahlbeteiligung ein Problem ist (M 4).
5 Erläutert den Grundsatz „Wer wählt, bestimmt mit".
6 Erkundigt euch nach der derzeitigen parteipolitischen Zusammensetzung des Gemeinderates.

Wir führen eine amerikanische Debatte

M1 Schüler diskutieren

Politische Sachverhalte werden meistens kontrovers* diskutiert. Das bedeutet, dass es gegensätzliche Standpunkte zu einem Thema gibt. In der amerikanischen Debatte werden in Gruppen die Argumente der Pro-Seite (dafür) und der Kontra-Seite (dagegen) herausgearbeitet und in kontrollierter Form ausgetauscht.

Zeitbedarf:

Ungefähr 30 bis 40 Minuten zur Vorbereitung, etwa 15 bis 20 Minuten für die eigentlichen Debatte, rund 15 bis 20 Minuten zur Auswertung.

* **kontrovers** (lat.: contra = gegen; versus = gerichtet)

* **Plenum** (aus der lateinischen Sprache = voll) Gesamtheit

M2 Checkliste für eine amerikanische Debatte

1. Schritt: Vorbereitung

- Formuliert eine strittige Frage, die mit „ja" oder „nein" zu beantworten ist (z. B.: Soll man mit 16 wählen dürfen?).
- Bildet zwei Gruppen. Die eine Gruppe trägt Pro-Argumente, die andere Kontra-Argumente zusammen.
- Notiert eure Argumente in Stichwörtern auf Karteikarten (für die anschließende Debatte).
- Jede Gruppe bestimmt mehrere Diskutierende, die sich an einem Tisch oder an zwei Tischen gegenübersitzen.

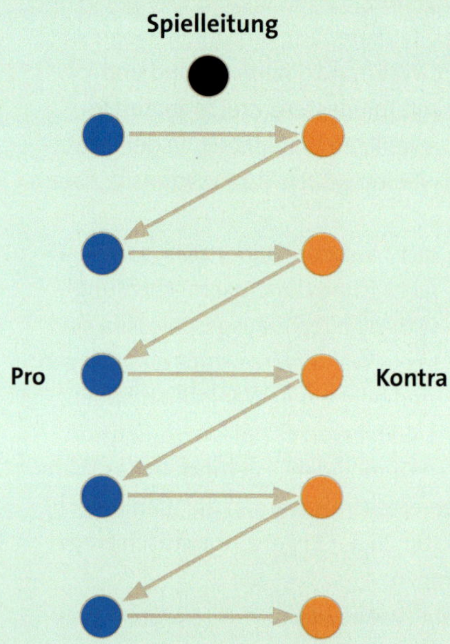

2. Schritt: Durchführung

- Die/der Diskussionsleiter/-in eröffnet die Debatte, indem sie/er einer Seite das Wort erteilt, um ihre Argumente vorzutragen.
- Nach Ablauf einer vorgegebenen Zeit (30 Sekunden bis eine Minute) ist die andere Seite an der Reihe. Dieser Wechsel wiederholt sich so lange, bis beide Seiten alle Argumente ausgetauscht haben.
- Die Diskussionsleiterin bzw. der Diskussionsleiter hat streng darauf zu achten, dass die Redezeiten eingehalten werden.

3. Schritt: Auswertung

Am Ende der Debatte findet eine Besprechung im Plenum* statt. Gemeinsam soll ausgewertet werden,

- wie sich die Teilnehmer/-innen in ihren Rollen fühlten,
- wie das Diskussionsklima war,
- welche Seite aus Sicht der Beobachter/-innen besonders überzeugend war und aus welchen Gründen (Argumente? Vortrag der Diskutierenden? usw.)

Wählen mit 16?

Kommunalwahlen in Niedersachsen

In einigen Bundesländern dürfen Jugendliche bereits mit 16 wählen – so auch in Niedersachsen. Davor lag das Wahlalter bei 18 Jahren. Ein Hauptargument für ein Wahlrecht ab 16 Jahren ist, dadurch Jugendliche stärker für Politik zu interessieren und sie so früh wie möglich an demokratischen Prozessen zu beteiligen.

M3 Junge Wähler präsentieren ihre Wahlunterlagen für die Kommunalwahl in Baden-Württemberg (2014)

Pro

... Als das Wahlalter 1970 von 21 Jahren auf 18 Jahre gesenkt wurde, ging die Welt nicht unter – genauso wenig, als das Wahlalter 1918 von 25 auf 20 Jahre gesenkt wurde ...

... Wählen mit 16 ist prima, da kann die Jugend mal sagen, was sie will ...

... die Rentner denken doch gar nicht an uns Jugendliche, nur wenn wir selbst wählen dürfen, können wir unsere Interessen in die Politik einbringen ...

... mit 16 können wir schon mitentscheiden, wer im Stadtparlament bestimmt ...

... so viel wie Rentner wissen wir schon lange über Politik, wenn nicht mehr ...

... wer wählen darf, hat auch mehr Interesse an Politik ...

Kontra

... 16-Jährige interessieren sich weniger für Politik als 18-Jährige, sie haben noch kein eigenes Urteil zu politischen Fragen ...

... In einer Umfrage wollten 63 Prozent der befragten 16-Jährigen gar kein Wahlrecht ...

... Wahlalter und Volljährigkeit gehören zusammen, also wählen mit 18 ...

zur Wahl gehört eine gewisse Reife – und die haben 16-Jährige noch nicht ...

16-Jährige wissen zu wenig über Politik ...

1 Setzt euch in kleinen Gruppen zusammen und sammelt Argumente für und gegen das Wahlrecht mit 16.

2 Führt mithilfe von **M 2** eine amerikanische Debatte.

Wie fallen Entscheidungen in der Gemeinde?

M1 Feldweg oder Radweg: Bürger aus zwei Nachbargemeinden wünschen sich einen geteerten Radweg

Antrag
Der Gemeinderat möge beschließen:
Parallel zur Ortsverbindungsstraße ist auf der rechten Seite ein geteerter Radweg zu errichten.
Die erforderlichen Haushaltsmittel sind im nächsten Gemeindehaushalt bereitzustellen.
Diskussion und Abstimmung.

Ein Radweg entsteht

In Gesprächen und auf Bürgerversammlungen äußerten wiederholt Bürger einer Gemeinde den Wunsch nach einem Radweg, der ihre Gemeinde mit der Nachbargemeinde verbinden sollte.

Der Bürgermeister versprach schließlich, dieses Anliegen im Gemeinderat zur Sprache zu bringen. Zu einer der nächsten Sitzungen erhielten die Gemeinderäte eine Einladung ins Ratshaus, bei der als dritter Punkt auf der Tagesordnung stand: „Anlage eines Radweges zur Nachbargemeinde“. Als dieser Punkt aufgerufen wurde, berichtete der Bürgermeister von den Wünschen der Bürgerinnen und Bürger nach einem Radweg. Er habe sich bereits mit dem Bürgermeister der Nachbargemeinde verständigt, der dieses Projekt ebenfalls unterstütze. Deshalb habe er von der Gemeindeverwaltung einen Antrag erstellen lassen, der nach Beratung durch Ausschüsse und Fraktionen jetzt zur Beratung im Gemeinderat vorliege.

Fraktionen und Ausschüsse arbeiten vor

Gemeinderäte müssen sich auf die Gemeinderatssitzungen gut vorbereiten. Die Gemeindeverwaltung lässt ihnen alle notwendigen sachlichen Informationen zukommen, die sogenannten Vorlagen.

Nach der niedersächsischen Gemeindeordnung können sich mindestens zwei Gemeinderäte, die die gleichen Interessen vertreten, also z.B. einer Partei angehören, zu einer **Fraktion** zusammenschließen. Sie treffen sich dann in ihren Fraktionssitzungen, um die anstehenden Punkte zu diskutieren und zu beraten. So werden die Meinungen gebündelt.

Wichtige Vorarbeit für die Beratung und Abstimmung im Gemeinderat leisten auch die **Ausschüsse.** Sie bestehen aus Vertretern unterschiedlicher Parteien und beschäftigen sich mit den anstehenden Sachfragen. Bei der Frage des Radweges wurden der Finanzausschuss und der Planungsausschuss aktiv.

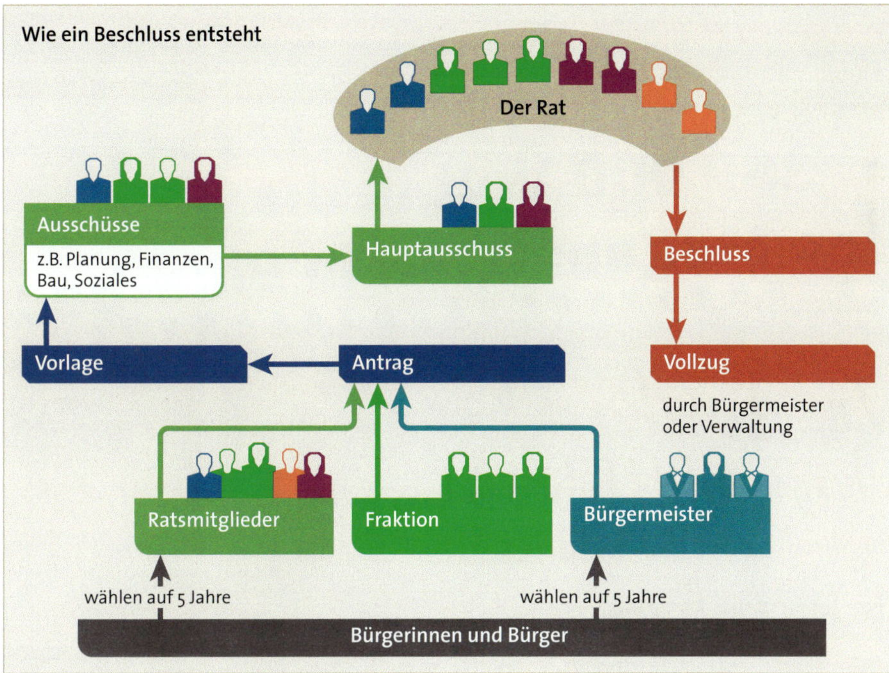

M 2 Die Arbeitsweise des Gemeinderats

Diskussion und Abstimmung

Vor der Abstimmung wird der Tagesordnungspunkt, über den im Gemeinderat abgestimmt werden soll, noch einmal diskutiert. Jedes Mitglied des Gemeinderats kann sich zu Wort melden.

Bei der Diskussion über den Radweg kam Verschiedenes zur Sprache. Es wurde festgestellt, dass die Bau- und Materialkosten überschaubar seien und aus dem Gemeindehaushalt bezahlt werden könnten. Der für den Radweg benötigte Grund gehöre bereits der Gemeinde, sodass keine zusätzlichen Kosten entstehen würden. In der Diskussion wurde deutlich, dass die Anlage eines Radweges die weitgehende Zustimmung der meisten Gemeinderäte fand.

Im Anschluss an die Diskussion fand die Abstimmung statt. Der Gemeinderat ist beschlussfähig, wenn mehr als die Hälfte seiner Mitglieder anwesend ist. Der Antrag wurde mit großer Mehrheit angenommen, sodass der Radweg nun gebaut werden kann.

1 Lest den Text und listet die Stationen der Entstehung des Radweges anhand des Textes auf.
2 Erklärt anhand von **M 2**, wie im Gemeinderat Entscheidungen getroffen werden.
3 Erläutert die Begriffe: Fraktion und Ausschuss.
4 Erörtert, in welchem Zusammenhang Gemeinderat und Gemeindeverwaltung stehen.
5 Informiert euch, welche Themen auf der Tagesordnung der nächsten Gemeinderatssitzung eurer Gemeinde stehen (Website der Gemeinde).

M1 Mitglieder der Bürgerinitiative „Bürger Pro Erdkabel Harzvorland" hängen Transparente am Viadukt in Greene (Niedersachsen) auf. *Foto 2014*

Umfrage

Auf die Frage:
„An welchen Maßnahmen würden Sie sich vor Ort selbst beteiligen?"
antworteten so viele Bürger:

- einen Spielplatz bauen 35 %,
- sich um bedürftige Menschen kümmern 30 %,
- Wald oder Parkanlagen säubern 26 %,
- einen Kindergarten renovieren 25 %,
- Grünanlagen anlegen 20 %,
- einen Schulhof gestalten 17 %,
- Rohstoffsammlungen organisieren 17 %,
- einen Jugendtreff organisieren und betreuen 16 %,
- einen Sportplatz herrichten 16 %

Eigeninitiative ist gefragt

Gemeindepolitik wird nicht nur vom Bürgermeister und den Gemeinderäten gemacht. Jede Bürgerin und jeder Bürger hat vielfältige Möglichkeiten, sich zu beteiligen. Für eine aktive Gemeinde und ein lebendiges Gemeindeleben ist es sogar wichtig, dass möglichst viele sich engagieren und nicht lediglich die Entscheidungen der Räte kritisieren. Wenn Einzelne, eine Gruppe oder ein Verein Aufgaben freiwillig übernehmen, so muss sich die Gemeinde nicht darum kümmern. Sie spart dadurch Geld und hat keinen personellen Aufwand.

Kommunale Beteiligungsrechte

Das Niedersächsische Kommunalverfassungsrecht sieht zahlreiche Beteiligungsrechte für Bürger und Einwohner vor: den Einwohnerantrag, das kommunale Petitionsrecht, die Bürgerbefragung, die Einwohnerfragestunde, die Einwohneranhörung sowie das Bürgerbegehren und den Bürgerentscheid. Die wichtigste Beteiligungsmöglichkeit bleibt aber die Teilnahme an den Kommunalwahlen.

Parteiarbeit

Neben den Vereinen und Gruppen prägen insbesondere politische Parteien das Gemeindeleben. Sie beschäftigen sich mit den Wünschen und Sorgen der Gemeindebürger. Sie machen Vorschläge und stellen Persönlichkeiten aus ihrer Mitte der Öffentlichkeit als Amtsträger zur Wahl.

Die Parteien bieten nicht nur ihren Mitgliedern, sondern allen Interessierten die Möglichkeit zur Mitsprache, z. B. beim politischen Frühschoppen oder bei Versammlungen.

Als Mitglied jedoch besitzt man mehr Rechte in der Partei und wird sich meist politisch intensiver engagieren. Man entscheidet bei der Kandidatenaufstellung der Partei mit.

Bürgerinitiativen

Man kann sich auch an einer Bürgerinitiative beteiligen. Ein derartiger Zusammenschluss von Gemeinde- oder Kreisbürgern bildet sich spontan und zielt vielfach auf die Durchsetzung oder Verhinderung eines einzigen Projektes, z. B. Bau eines Kindergartens oder der Verhinderung einer Mülldeponie am Ortsrand. Mit zunehmender Mitgliederzahl einer Bürgerinitiative wachsen dann auch deren Bedeutung und Einfluss. In Bürgerinitiativen zeigen Gemeindebürger oft hohes Engagement für einzelne Gemeindeprojekte. Nach dem Erfolg bzw. nach dem Scheitern ihrer Bemühungen lösen sich Bürgerinitiativen in der Regel auf.

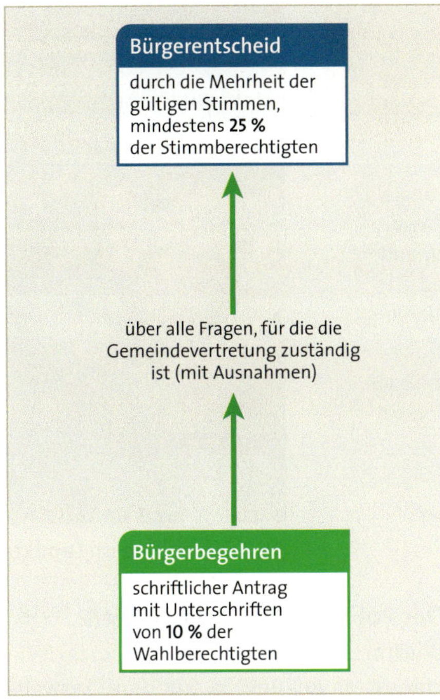

M 3 Bürgerentscheid nach der Gemeindeordnung für Niedersachsen

Mehr zum Thema
Film: Volksentscheid einfach erklärt

Webcode PE400001-033

M 2 Bürgerbegehren und Bürgerentscheid in Niedersachsen

(1) Mit einem Bürgerbegehren kann beantragt werden, dass die Bürgerinnen und Bürger einer Gemeinde über eine Angelegenheit der Gemeinde entscheiden (Bürgerentscheid).
(2) Gegenstand eines Bürgerbegehrens können nur Angelegenheiten des eigenen Wirkungskreises sein, für die der Rat ... zuständig ist oder für die er sich die Beschlussfassung ... vorbehalten kann und zu denen nicht innerhalb der letzten zwei Jahre ein Bürgerentscheid durchgeführt worden ist. ...
(4) Das Bürgerbegehren muss von mindestens 10 von Hundert der Bürgerinnen und Bürger der Gemeinde unterzeichnet sein. (*In größeren Gemeinden genügt eine geringere Anzahl von Unterschriften.*) ...

Niedersächsische Gemeindeordnung. NGO, in der Fassung vom 28. Oktober 2006. www.mi.niedersachsen.de/download/62410/NGO_31.10.2011_.pdf

1 Bildet Gruppen und recherchiert zu den Beteiligungsrechten, die im Kommunalverfassungsrecht genannt sind: Einwohnerantrag, Petitionsrecht, Bürgerbefragung, Einwohnerfragestunde, Einwohneranhörung (Text). Tragt eure Ergebnisse der Klasse vor und bewertet sie.

2 Vergleicht die Mitwirkungsmöglichkeiten in einem Verein, in einer politischen Partei und einer Bürgerinitiative (**M 1**, Text).

3 Erklärt das Schaubild **M 3**. Wie kommt ein Bürgerentscheid zustande?

4 Erläutert, warum der Bürgerentscheid neben den Gemeindewahlen die wichtigste Form der Bürgerbeteiligung ist (Text, **M 2**, **M 3**).

5 Erkundigt euch, welche Vereine es an eurem Ort gibt und was sie für die Gemeinde leisten.

6 Stellt zusammen, wo ihr euch in der Gemeinde eine Mitarbeit vorstellen könnt.

Der Politikzyklus

Problem	Worin besteht das Problem? Welche Aufgabe hat die Politik zu lösen?
Auseinander-setzung	Was wirkt auf die Auseinandersetzung ein? Wer ist beteiligt? Wie verläuft die Auseinandersetzung? Was sind die Argumente und Vorgehensweisen?
Entscheidung	Zu welchen Ergebnissen hat die Auseinandersetzung geführt?
Bewertung der Entscheidung	Wie werden die Entscheidung und ihre Ergebnisse bewertet?

M1 Vom Problem zur Entscheidung

M2 Flüchtlinge im Landkreis Göttingen. *Foto 2015*

Der Politikzyklus – ein Modell

Warum und wie entstehen Gesetze? Wie kommt es zu Regeln für den Umweltschutz? Wie entstehen Vorschriften für den Arbeitsschutz? Viele Fragen müssen politisch gelöst werden – und es dauert oft lange, bis sie gelöst sind. Den Vorgang vom Auftauchen eines politischen Problems bis zu seiner Lösung nennt man einen politischen Prozess.

Politische Prozesse sind kompliziert und durchlaufen verschiedene Phasen. Zumeist sind viele Personen einbezogen, die unterschiedliche Interessen vertreten.

Um diese Prozesse besser durchschauen zu können, braucht man bestimmte Werkzeuge, vor allem Modelle. Ein Modell ist ein beschränktes, vereinfachtes Abbild der Wirklichkeit, das hilft, diese Wirklichkeit besser zu verstehen. Ein solches Modell ist der Politikzyklus.

M3 Der Politikzyklus

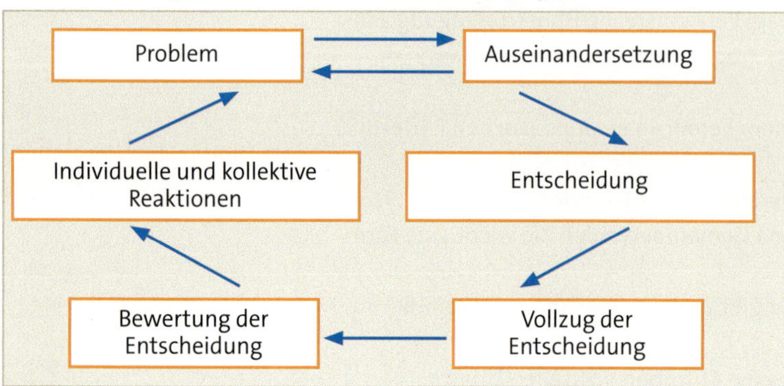

Der Politikzyklus gliedert politische Prozesse

Der Politikzyklus gliedert einen politischen Prozess in vier Phasen, die aufeinander folgen, nämlich in:

1. die Problemstellung: Um welches Problem handelt es sich? Wie ist das Thema überhaupt zu einem Problem geworden, das einer Lösung bedarf? Welche Vorgeschichte hat es?
2. die Auseinandersetzung über mögliche Lösungen: Worum dreht sich die Auseinandersetzung? Welche Argumente und Lösungsvorschläge werden vorgebracht?
3. die Entscheidung für eine Lösung: Welche Entscheidungen werden getroffen?
4. die Beurteilung der Lösung: Wie fallen die Beurteilungen dieser Entscheidungen aus? Führen diese zu neuen Problemen?

Der Politikzyklus macht also folgenden Vorgang deutlich: Es gibt in der Gesellschaft ein Problem, das politisch thematisiert und verhandelt werden muss. Dessen Lösung mündet in eine neue Problemstellung oder führt zur Beseitigung des Problems. Bei einem neuen Problem würde der Politikprozess fortdauern, bei einer Problembeseitigung wäre er beendet.

Beispiel: Bau eines Flüchtlingswohnheims in Göttingen

M 4 Streit um Flüchtlingswohnheim

... Zum Projekt Wohnheim auf Zeit allerdings gäbe es wegen der angespannten Lage auf dem Wohnungsmarkt keine Alternative. Das zweifeln die BI-Mitglieder* an. Ihrer Meinung nach ließen sich im Stadtgebiet andere Flächen finden. Und finanziell sei der Plan auch nicht wasserdicht:
„Für 4,5 Millionen Euro Baukosten könnte man auch einen Wohnblock bauen, der später stehen bleibt." Durch den Bau und möglicherweise eine längerfristige Existenz eines so großen Flüchtlingswohnheims befürchtet die BI eine Veränderung des sozialen Umfelds, eine Wertminderung der Wohnungen und Grundstücke sowie eine den Flüchtlingen nicht gerecht werdende Unterbringung. ...

Thomas Kopietz: Bau von Flüchtlings-Unterkunft: Anwohner gründen Bürgerinitiative, Hessisch-Niedersächsische Allgemeine v. 24.1.2015; in: http://www.hna.de (Zugriff: 1.10.2015)

* **BI**
Bürgerinitiative

M 5 Bau von Sozialwohnungen nötig

... Derzeit seien in Göttingen 700 Flüchtlinge in Wohnungen untergebracht, sagte (Sozialdezernentin) Dagmar Schlapeit-Beck. Angesichts von immer mehr Flüchtlingen sei der Bau von zusätzlichen Sozialwohnungen oberstes Gebot. Was das geplante Wohnheim auf den Zietenterrassen angehe, wo 180 Flüchtlinge untergebracht werden sollen, sei die Bewerbungsfrist für den Betrieb vergangene Woche abgelaufen. ...

Hauke Rudolph: Diskussion über Ehrenamtliche bei Göttinger Flüchtlingsbetreuung, Göttinger Tageblatt v. 3.6.2015; in: http://www.goettinger-tageblatt.de (Zugriff: 1.10.2015)

M 6 Die ersten Flüchtlinge untergebracht

... Die ersten 28 Flüchtlinge wohnen im neuen Flüchtlingswohnheim auf den Zietenterrassen. Insgesamt 180 Menschen sollen in dem 4,5 Millionen Euro teuren Komplex wohnen. ... Die Göttinger Sozialdezernentin Dagmar Schlapeit-Beck hat das neue Gebäude im Vorfeld besucht und ist zufrieden: „Es ist eine helle, freundliche und einladende Einrichtung. Sie bietet viel Freiraum, und den Menschen wird das Ankommen hier leichtgemacht", sagte die Dezernentin gegenüber der HNA. ... . Bedenken, die Göttinger gegen das Projekt gehabt hätten, seien leiser geworden, so die Sozialdezernentin. „Damals hatten Gegner vor allem Bedenken wegen der Größenordnung, heute weiß jeder, dass wir noch mehr von solchen Konzepten brauchen." ...

Christiane Geier: Göttinger Zietenterrassen: 28 Flüchtlinge sind eingezogen, Hessisch-Niedersächsische Allgemeine v. 10.9.2015; in: http://www.hna.de (Zugriff: 1.10.2105)

M 7 Beschluss des Ausschusses

... Am 10. Februar 2015 hatte der Ausschuss für Soziales und Gesundheit der Stadt Göttingen dem Bau einer Flüchtlingswohnanlage auf den Zietenterrassen zugestimmt. Auf einem städtischen Grundstück an der Hannah-Vogt-Straße auf den Zietenterrassen soll ein Neubau zur Unterbringung von zugewiesenen Flüchtlingen entstehen. Geplant ist eine vorübergehende, auf fünf Jahre befristete Wohnanlage für bis zu 180 Personen. ...

Stadt Göttingen: Flüchtlingsunterkunft Zietenterassen, 9.9.2015; in: https://www.goettingen.de (Zugriff: 1.10.2015)

1 Recherchiert im Internet weitere Hintergründe zum Thema Flüchtlinge in Göttingen.

2 Ordnet die Texte (M 4 – M 7) nach den vier Phasen des Politikzyklus (Problem, Auseinandersetzung, Entscheidung, Beurteilung, s. Text, M 1, M 2). Ordnet die von euch recherchierten Informationen hier ein.

3 Erarbeitet selbst eine Stellungnahme in Sinne der BI (M 4) zur letzten Phase Beurteilung.

4 Ermittelt einen anderen politischen Konflikt aus eurer Umgebung und setzt ihn in Beziehung zu den Phasen des Politikzyklus.

Wir spielen in verschiedenen Rollen

Ziel eines Rollenspiels

Jeder spielt in seinem Leben viele verschiedene Rollen – oft, ohne es zu merken: die Rolle als Schülerin, Schüler, Tochter, Bruder, Kumpel ... Hinter allen diesen Rollen steht eine Person, die auf ihre Umgebung unterschiedlich reagiert.

Das Rollenspiel bietet die Möglichkeit, sich in Situationen „hineinzuversetzen“, in Rollen „hineinzuschlüpfen“, um dabei zu verdeutlichen, wie Menschen in bestimmten Augenblicken denken, fühlen und handeln.

Zur Vorbereitung, Durchführung und Auswertung eines Rollenspiels solltet ihr folgendermaßen vorgehen:

M 1 Checkliste für ein Rollenspiel

1. Schritt: Vorbereitung

- Um welches Problem geht es?
- Was soll mit dem Rollenspiel geklärt werden?
- Welche Rollen gibt es?
- Wo findet die Handlung statt?

Auf einer Situationskarte wird die Ausgangslage beschrieben.

2. Schritt: Verteilung der Rollen

Auf Rollenkarten wird die jeweilige Rolle bestimmt. Sie werden als „Drehbuch“ an die einzelnen Spieler verteilt. Hier wird festgelegt:

- Welche Einstellungen werden vertreten?
- Welche Ziele will der Einzelne erreichen?
- Wie soll er auftreten?

Die Rollen werden verteilt.

3. Schritt: Auswertung

Für jeden Spieler sind mehrere Beobachter zuständig. Sie beobachten und untersuchen folgende Punkte:

- Hat sich der Spieler an seine Rolle gehalten und diese verständlich dargestellt?
- Hat der Spieler laut und deutlich gesprochen?
- Haben seine Argumente überzeugt?
- Sind das Problem und eine mögliche Lösung deutlich geworden?

Rollenspiel: Forderung nach einem Spielplatz für 10- bis 16-Jährige

M 2 Beliebter Freizeitsport: Ballspiele

Mit dem Rollenspiel könnt ihr Konflikten nachspüren, indem ihr euch in die jeweils handelnden Personen versetzt.

In vielen Gemeinden gibt es Kinderspielplätze mit einem Sandkasten und einer Schaukel. Sie werden meist von Kindern, die zwischen zwei und sieben Jahren sind, unter Aufsicht eines Elternteils genutzt.

Für ältere Kinder und Jugendliche gibt es oft kein Angebot, weder Bolzplätze noch Fußballplätze. Plätze mit Klettergerüsten, Basketballkörben und anderen Einrichtungen fehlen. Sportplätze dürfen oft nur von Vereinsmitgliedern genutzt werden.

In dem hier angelegten Rollenspiel geht es um die Forderung, dass die Gemeinde Spielplätze für ältere Kinder und Jugendliche anlegt. Das führt zu einer Auseinandersetzung, in der verschiedene Interessen deutlich werden.

Situationskarte

Stellt euch vor, im Gemeinderat (Stadtrat) würde über die Forderung nach Spielplätzen für ältere Kinder und Jugendliche diskutiert. Es kommen Vertreterinnen und Vertreter verschiedener Parteien zu Wort. In einer Sitzungspause können auch Jugendliche ihre Meinung sagen. Alle sind gespannt, wie der Gemeinderat abstimmen wird.

M3 Teilnehmer/-innen des Rollenspiels

Rollenkarte 1

Gemeinderat (Partei A)
Wir haben in unserer Gemeinde zahlreiche Kinderspielplätze. Schon diese kosten für die regelmäßige Pflege viel Geld. Weitere Einrichtungen lehnen wir ab, wir haben früher auch so auf Straßen und Plätzen gespielt. Man kann es mit der Fürsorge auch übertreiben ...

Rollenkarte 2

Gemeinderätin (Partei B)
Unser bestes Gut ist die Jugend. Wir sollten sie fördern und zusätzliche Spielplätze einrichten. Das kostet nicht die Welt. Einige Kinderspielplätze werden kaum noch genutzt, zwei könnte man in Plätze für ältere Kinder und Jugendliche umwandeln und mit entsprechenden Geräten ausstatten ...

Rollenkarte 3

Die Bürgermeisterin
Ich unterstütze die Forderung nach Einrichtung von Spielplätzen für Jugendliche. Leider können wir das nicht finanzieren, es sei denn, jemand macht Vorschläge, wie wir woanders sparen können.
Tut mir leid.

Rollenkarte 4

Sarah, 13 Jahre
Können Sie sich vorstellen, mit 13 im Sandkasten zu sitzen und mit Kuchenförmchen zu spielen? Auf dem Schulhof können wir nicht spielen, ein eigener Platz zum Ballspielen und mit Klettergerüsten wäre schon schön. Es muss ja nicht besonders aufwändig sein ...

Rollenkarte 5

Mario, 14 Jahre
Überall wird man weggeschickt und auf der Straße ist es wirklich zu gefährlich. Der Platz an der Ecke Wilhelmstraße könnte leicht in einen Platz für Jugendliche umgestaltet werden. Vielleicht würden ja einige Erwachsene dabei helfen ...

Rollenkarte 6

Sven, 16 Jahre
Ein Bolzplatz müsste unbedingt eingerichtet werden, aber es fehlt auch ein Jugendraum für „ältere" Jugendliche wie mich, wo man mal feiern könnte.
Wenn ich das Argument „kein Geld" höre, kann ich mir schon denken, wie die Abstimmung ausgehen wird. Waren Sie denn nicht auch mal jung?

Rollenkarte 7

Drei Gemeinderäte, die nur zuhören, aber am Ende der Diskussion mit abstimmen.

1 Führt das hier angelegte Rollenspiel mit unterschiedlichen Besetzungen durch. Beobachtet, notiert und diskutiert über die Durchführung.

Darf Okka nach Y-Stadt?

M1 Aufregung in Y-Stadt – seitdem der Möbelfabrikant Okka sein Interesse an einer Filiale in Y-Stadt angemeldet hat, wird in Y-Stadt darüber intensiv diskutiert.

M2 Uneinigkeit in Y-Stadt

Y-Stadt soll eine neue Attraktion bekommen. Das Möbelhaus Okka hat angekündigt, eine neue Filiale mit ungefähr 150 Mitarbeitern in Y-Stadt eröffnen zu wollen. Da die Möbel der Firma in Deutschland seit Jahren gerne gekauft werden, scheint dies für Y-Stadt ein Glücksfall zu sein. Dennoch gibt es auch einige Gegner dieser Ansiedlung.

Die Befürworter einer Okka-Filiale in Y-Stadt argumentieren, dass eine Ansiedlung von Okka die Attraktivität der gesamten Stadt erhöhen könne. Politiker von CDU und SPD verweisen darauf, dass Menschen aus dem Umland durch Okka nach Y-Stadt gelockt werden könnten. Diese würden dann auch in anderen Geschäften einkaufen, was für die gesamte Stadt höhere Einnahmen erbrächte. Das wird auch vom Finanzausschuss der Stadt positiv hervorgehoben.

Problematisch ist hierbei lediglich der Ort der genauen Ansiedlung einer Okka-Filiale. So sollen bisher bestehende Industriegebiete keine Nachteile haben. Auch der Oberbürgermeister der Stadt spricht sich für eine Ansiedlung aus, will jedoch auch den bisherigen Einzelhandel der Stadt nicht verärgern.

Deutlich kritischer sehen dies die Gegner einer Ansiedlung. Einzelne Geschäftsinhaber haben eine Initiative gegründet, die sich „Einzelhandels-Perspektiven" nennt. Ihr Ziel ist es, den Möbelkonzern nicht nach Y-Stadt zu lassen. Ihr wichtigstes Argument besteht darin, den bisherigen Einzelhandel in der Stadt schützen zu wollen. Sie begründen dies damit, dass eine Okka-Filiale in den Außenbezirken der Stadt dazu führe, dass kaum noch Leute in die Innenstadt fahren. Andere Möbelhäuser müssten dann schließen und Arbeitsplätze würden verloren gehen. Unterstützt werden sie hierbei vom Verband der Einzelhändler, der „Pro City".

Zusammengestellt und verändert aus Informationen von „Göttinger Tageblatt" und „Blick"

Wer entscheidet über die Ansiedlung von Okka?

Die meisten Fragen, die in einem Gemeinderat oder einem Stadtrat entschieden werden müssen, werden in kleinen Arbeitsgruppen diskutiert, die **Ausschüsse** heißen. Hier kommt nur ein kleiner Teil der Mitglieder des Gemeinderates zusammen, die Experten für den Arbeitsbereich ihres Ausschusses sind. So gibt es einen Kulturausschuss, einen Umweltausschuss, einen Finanzausschuss und einen Schulausschuss. Hier können die Mitglieder des Ausschusses auch andere Experten einladen, die aus ihrer Sicht über ein Thema berichten.

Am Ende der Diskussion im Ausschuss steht meist ein **Vorschlag**, den der Ausschuss an den Gemeinderat oder den Stadtrat weiterreicht. Dieser muss jedoch nicht beschlossen werden, sondern ist lediglich eine Empfehlung.

Der Bauausschuss

Alle wichtigen Bauprojekte, für die Y-Stadt eine Erlaubnis geben muss, werden, wie in anderen Gemeinden und Städten auch, im **Bauausschuss** diskutiert und beraten. Hier sitzen Experten der Parteien. Die Anzahl der Mitglieder eines Ausschusses richtet sich danach, wie viele Mitglieder einer Partei in den Gemeinderat gewählt worden sind.

Im Hinblick auf eine mögliche Entscheidung von Y-Stadt für oder gegen Okka diskutieren die Mitglieder des Bauausschusses alle wesentlichen Vor- und Nachteile. Sie laden Experten zu Vorträgen ein, die ihnen helfen sollen, eine gute Entscheidung zu treffen.

Zusätzlich sollen unabhängige Experten in einem **Gutachten** untersuchen, welche Folgen die Ansiedlung von Okka für Y-Stadt insgesamt und den Einzelhandel hat.

Eine Bürgerstunde findet statt

Die Entscheidung über die Okka-Ansiedlung in Y-Stadt zieht sich hin, und viele Bürger möchten sich über die Vor- und Nachteile dieser Entscheidung informieren. Deshalb findet in Y-Stadt eine **Bürgerstunde** statt.

Bürgerstunden haben das Ziel, die Einwohner einer Stadt über politische Entscheidungen und die unterschiedlichen Positionen genauer zu informieren. So können sich die Bürger zu einer wichtigen Frage eine eigene Meinung bilden und direkt Nachfragen in der Bürgerstunde stellen. Geladen sind in der Bürgerstunde ein Mitglied des Bauausschusses, ein Mitglied des Finanzausschusses, der Oberbürgermeister der Stadt, ein Inhaber eines Möbelgeschäftes aus der Innenstadt und die Vorsitzende der Initiative „Einzelhandels-Perspektiven".

M 3 Teilnehmer der Bürgerstunde

Mitglied im Bauausschuss

Mitglied im Finanzausschuss

Oberbürgermeister

Inhaber eines Möbelgeschäfts

Vorsitzende der Initiative „Einzelhandels-Perspektiven"

1 Teilt euch in der Klasse passend zu den Teilnehmern der Bürgerstunde in fünf Gruppen auf.
- a Formuliert mithilfe von **M 2** Standpunkte zu der Person, die ihr in der Bürgerstunde vertretet. Begründet diese.
- b Führt eine Bürgerstunde zum Thema „Okka-Ansiedlung" in der Klasse durch. Bestimmt jeweils einen aus eurer Gruppe, der an dieser Diskussion teilnimmt.
- c Wertet die Diskussion gemeinsam aus. Fasst die wichtigsten Argumente in einer Pro-und-Kontra-Tabelle zusammen.

2
- a Stimmt in der Klasse darüber ab, ob Okka nach Y-Stadt kommen sollte. Diskutiert euer Abstimmungsergebnis.
- b Erörtert, ob der Stadtrat eurer Meinung nach der Ansiedlung von Okka in Y-Stadt zustimmen wird. Welche Argumente sind euch besonders wichtig?

3 Erläutert, warum die Arbeit in Ausschüssen für politische Entscheidungen in der Gemeinde eine sehr wichtige Rolle spielt.

Ein Nutzungskonflikt vor Ort

M1 Windräder in Dorfnähe in Ostfriesland, *Foto 2012*

M2 Protestplakat gegen den Bau von Windrädern in Hamburg, *Foto 2011*

Nutzungskonflikte in der Gemeinde

In der Gemeinde leben viele Menschen zusammen, die ganz unterschiedliche Vorstellungen davon haben, wie sie ihren Lebensraum nutzen wollen. Jeder hat andere Ansprüche an sein Wohnungsumfeld:

- Du brauchst einen Platz zum Fußballspielen oder Skateboardfahren.
- Auch eine Disco wäre nicht schlecht.
- Vor allem ältere Menschen wünschen sich Einkaufsmöglichkeiten in der Nähe.
- Autofahrer benötigen gut ausgebaute Straßen und eine Tankstelle.
- Familien mit kleinen Kindern wünschen sich verkehrsberuhigte Wohngebiete im Grünen.
- In der Freizeit nutzt man Radwege und Wanderwege in der Natur.
- Jede Gemeinde ist daran interessiert, dass sich Gewerbebetriebe ansiedeln, die Arbeitsplätze bereitstellen.
- Die meisten wünschen sich eine unberührte, lärmfreie und unbelastete Natur.

Diese unterschiedlichen Vorstellungen führen häufig dazu, dass es zu Nutzungskonflikten kommt. Die verschiedenen Gruppen versuchen im Gemeinderat, ihre Interessen durchzusetzen.

Niedersachsen will Windenergie stark ausbauen

Die rot-grüne Landesregierung beabsichtigt einen massiven Ausbau der Windenergie auf 20 Gigawatt im Jahr 2050. Gegenwärtig wird etwas mehr als ein Drittel davon erzeugt, nämlich 7,6 Gigawatt. Zum Vergleich: Das Atomkraftwerk Emsland leistet 1,4 Gigawatt.
Diese Pläne stoßen auf Widerstand in der Bevölkerung. Vor allem die Regeln zum Mindestabstand zu Wohnhäusern stehen in der Kritik. Die Landesregierung plant, dass die kürzeste Entfernung das Zwei- bis Dreifache der Höhe des jeweiligen Windrads betragen soll. Länder wie Bayern hingegen wollen den Mindestabstand auf das Zehnfache der Windradhöhe festlegen.

Mehr zum Thema
Film: Energiewende einfach erklärt

Webcode PE400001-041

M3 Das Ministerium für Umwelt, Energie und Klimaschutz schreibt:

... In Niedersachsen wird mehr Strom aus Windkraft erzeugt als in jedem anderen Bundesland. ... In Niedersachsen ist Wind ausgiebig vorhanden, sodass Windstrom reichlich und kostengünstig geerntet werden kann. Die Windenergie als vergleichsweise kostengünstige und etablierte Technologie bildet das Kernstück der Energiewende im Stromsektor. Deren Ausbau ist ein wesentlicher Bestandteil nachhaltiger Klima- und Energiepolitik. ...

Niedersächsisches Ministerium für Umwelt, Energie und Klimaschutz: Windenergie, o. J.; in: http://www.umwelt.niedersachsen.de (Zugriff: 1.10.2015)

M4 Eine Petition an den Landtag von Schleswig-Holstein 2015:

Keine Windkraftanlagen mehr für Dithmarschen!

Der Sättigungsgrad an Windkraftanlagen in Dithmarschen hat die 200-Prozent-Marke (Erneuerbarer Energien) längst überschritten. Die Marsch ist absolut „zugepflastert". Nun drängen Planer und Investoren in die ländlichen Räume der hohen Geest, in den charakteristischen Landschaftsraum. Die Windkraftanlagen, die hier lukrativ sind, sollen eine Gesamthöhe von 210 m ... haben. Jede kleine Gemeinde soll nun aufgefordert werden, sogenannte Windeignungsflächen (diese können 400 bis 800 m vor Ihrem Haus liegen) bei sich auszuweisen – was ist das anderes als gesteuerter Wildwuchs.

Wer schützt noch unseren charakteristischen Landschaftsraum? Wo haben Flora und Fauna noch eine Chance? Und nicht zuletzt: Wo bleibt der Lebensraum für den Menschen?

https://www.landtag.ltsh.de (Zugriff: 30.9.2015)

M5 *Zeichnung: Doris D.*

1 Beschreibt, welche Protestform die Bürger gegen Windkraftanlagen gewählt haben (M4). Nennt noch andere Möglichkeiten.

2 Erklärt anhand des vorgestellten Beispiels den Begriff „Nutzungskonflikt" (Text, M1, M5).

3 Bildet Gruppen, die je eine der beteiligten Parteien vertreten:
- Recherchiert Informationen, um eure Positionen begründen zu können (Text, M 2, M 4, M 5).
- Nehmt M 1 als Grundlage: Spielt in der Klasse eine Bürgerversammlung nach, bei der alle Parteien zu Wort kommen.

4 Ermittelt den neuesten Stand bei der Planung und Errichtung von Windkraftanlagen in Niedersachsen.

5 Findet heraus, ob es Nutzungskonflikte in eurer Gemeinde gibt. Berichtet darüber der Klasse.

Planspiel: Ein Raum für die Band ...

M1 Schülerband bei der Probe

Ausgangssituation

Schülerinnen und Schüler der 8.5 haben eine Band gegründet. Sie spielen schon ganz gut zusammen, erste Auftritte waren erfolgreich. Ihr großes Problem ist es, dass sie auf Dauer keinen Raum zum Üben haben. Ihre Idee, einen Raum in der Schule nachmittags oder abends als Probenraum zu benutzen, stößt auf großen Widerstand.

In einem Planspiel soll nun herausgefunden werden, wie die Schülerinnen und Schüler der 8.5 diejenigen, die darüber entscheiden, von dem Plan überzeugen können. Das Planspiel kann aber auch zeigen, ob die Gegenargumente von den Jugendlichen akzeptiert werden.

An dieser Auseinandersetzung sind verschiedene Gruppen und Personen beteiligt:

a. die Schülerinnen und Schüler der 8.5
b. die Schulleiterin, der Klassenlehrer und die Lehrerinnen und Lehrer der Schule
c. die Leiterin des Schulmanagements der Stadt
d. der Hausmeister
e. Mitglieder verschiedener Parteien im Schulausschuss der Stadt

Benötigt wird ferner eine Spielleitung, die in die Diskussionen eingreifen kann und die Diskussionen leitet.

M2 Rollenkarten

Schüler der 8.5

Wir haben eine Band gegründet und spielen auch schon ganz gut zusammen. Aber wir finden keinen Raum zum Üben, denn zu Hause geht das nicht und im Keller bei Fritz zu Hause ist es sehr unangenehm, nass und kalt. Infolgedessen sind wir ständig auf der Suche.
Dann sind wir auf eine Idee gekommen: Nachmittags und abends wird unser Schulgebäude ja nicht genutzt. Nur einmal in der Woche findet da um 18 Uhr ein Kurs der Volkshochschule statt. Wir sollten in der Schule fragen, ob wir nicht auch einen Raum bekommen, einen Jugendraum, in dem wir mit unserer Band üben können. Schließlich hat ja auch die Schule etwas davon, wenn unsere Band auf Schulfesten auftritt.

Parteien im Schulausschuss

A-Partei (4 Sitze): Wir sind grundsätzlich dagegen. Wenn wir dieser Gruppe einen Raum geben, dann kommt morgen die nächste Gruppe und will einen Tanzkurs machen. Und wer bezahlt die Überstunden des Hausmeisters?
B-Partei (2 Sitze): Wenn die Nutzer eine Miete und die Überstunden bezahlen, soll es uns recht sein. Für Beschädigungen haften die Eltern.
C-Partei (3 Sitze): Man darf nicht immer nur von Jugendförderung reden, sondern man muss auch mal was tun. Wir sind dafür und begrüßen das ausdrücklich. Da das Gebäude der Stadt gehört, braucht man keine Miete zu verlangen, und die Überstunden des Hausmeisters soll die Stadt aus dem Etat „Jugendförderung" bezahlen. In der Abstimmung wird sich zeigen, wer wirklich was für die Jugend übrig hat.

1 Lest im Methodenanhang S. 124 *f.*, wie man ein Planspiel durchführt. Bestimmt dann Schülerinnen und Schüler für die verschiedenen Rollen.

Die Schulleiterin

Für die Vergabe von Räumen bin ich nicht zuständig. Ich halte die Idee der 8.5 für überlegenswert, aber die Entscheidung trifft die Stadtverwaltung, da das Schulgebäude und seine Nutzung von der Stadt verwaltet wird. Sicher werde ich vor einer Entscheidung gefragt. Das war bei der Anfrage der Volkshochschule auch so. Ich werde das mal im Kollegium besprechen.

Die Leiterin des Schulmanagements in der Stadtverwaltung

Grundsätzlich vermietet die Stadt Räume in den Schulen in der unterrichtsfreien Zeit, also zum Beispiel am Nachmittag. Deswegen haben wir auch den Antrag der Volkshochschule auf die Nutzung eines Klassenraumes für einen Englisch-Kurs genehmigt. Die Volkshochschule zahlt aber Miete und zusätzlich die Überstunden des Hausmeisters, der ja die Schule auf- und zuschließen muss. Eine kostenlose Nutzung eines Schulraumes durch Jugendliche sehe ich problematisch. Das kann ich nicht entscheiden, das müsste im Schulausschuss und dann wohl im Stadtrat entschieden werden. Vor allem müsste man in Erfahrung bringen, ob die Parteien im Rat einen solchen Antrag unterstützen.

Der Klassenlehrer

Das finde ich eine prima Idee, aber es gibt sicher organisatorische Schwierigkeiten. Wir müssen herausfinden, wer alles zuständig ist. Da gibt es erst mal die Schulleitung und dann das zuständige Amt in der Stadtverwaltung. Sicher müssen wir auch mit dem Hausmeister sprechen. Der ist zwar für die Erlaubnis nicht zuständig, aber wenn der sich querlegt, kann man die Sache vergessen.

Der Hausmeister

Das kommt überhaupt nicht infrage. Die Schule wird um 18 Uhr geschlossen, die Putzfrauen gehen um 17 Uhr. Ich bin nicht bereit, wegen der Jugendlichen Überstunden zu machen. Einen Schlüssel darf ich nicht herausgeben, schon gar nicht an so junge und doch oft so unzuverlässige Leute. Wer weiß, was da alles passiert, wenn die nach 18 Uhr mit ihrer Band üben.

M1 Jugendliche werben für eine Halfpipe

Kinder und Jugendliche bestimmen mit

In Niedersachsen dürfen Jugendliche bei Kommunalwahlen schon mit 16 Jahren ihre Stimme abgeben. Darüber hinaus haben Jugendliche weitere Möglichkeiten, für ihre Interessen einzutreten und mitzubestimmen. Die Art und Weise, wie Jugendliche ihre Interessen in den Gemeinden wahrnehmen können, bleibt den einzelnen Kommunen freigestellt. Grundsätzlich soll damit gewährleistet werden, dass Jugendliche die Dinge, die sie betreffen, mitgestalten können und so lernen, ihre Interessen wirkungsvoll zu vertreten.

Vielfältige Beteiligungsformen

Damit Jugendliche wirklich Einfluss auf Entscheidungen in der Stadt oder der Gemeinde nehmen können, müssen verschiedene Voraussetzungen erfüllt sein:
- Anträge und Forderungen sollten auch wirklich an die Gemeindevertretung weitergeleitet werden,
- Entscheidungen über die Anträge von Jugendlichen sollten bald erfolgen und verständlich sein,
- Jugendliche sollten ein Rederecht in der Gemeindevertretung haben, um die Anliegen selbst darzustellen, und
- sie sollten einen eigenen Etat haben, um ihre Arbeit zu finanzieren.

M2 Rechtliche Grundlagen für die Mitbestimmung von Jugendlichen

UN-Kinderrechtskonvention Artikel 12

... Die Vertragsstaaten sichern dem Kind, das fähig ist, sich eine eigene Meinung zu bilden, das Recht zu, diese Meinung in allen das Kind berührenden Angelegenheiten frei zu äußern, und berücksichtigen die Meinung des Kindes angemessen und entsprechend seinem Alter und seiner Reife. ...

EU-Grundrechte-Charta

... Kinder haben Anspruch auf den Schutz und die Fürsorge, die für ihr Wohlergehen notwendig sind. Sie können ihre Meinung frei äußern. Ihre Meinung wird in den Angelegenheiten, die sie betreffen, in einer ihrem Alter und ihrem Reifegrad entsprechenden Weise berücksichtigt. ...

Bürgerliches Gesetzbuch § 1626
(2) Bei der Pflege und Erziehung berücksichtigen die Eltern die wachsende Fähigkeit und das wachsende Bedürfnis des Kindes zu selbstständigem verantwortungsbewusstem Handeln. Sie besprechen mit dem Kind, soweit es nach dessen Entwicklungsstand angezeigt ist, Fragen der elterlichen Sorge und streben Einvernehmen an. ...

Niedersächsische Gemeindeordnung § 22 e
Die Gemeinde soll Kinder und Jugendliche bei Planungen und Vorhaben, die ihre Interessen berühren, in angemessener Weise beteiligen. Hierzu soll die Gemeinde über die in diesem Gesetz vorgesehene Beteiligung der Einwohnerinnen und Einwohner hinaus geeignete Verfahren entwickeln und durchführen. ...

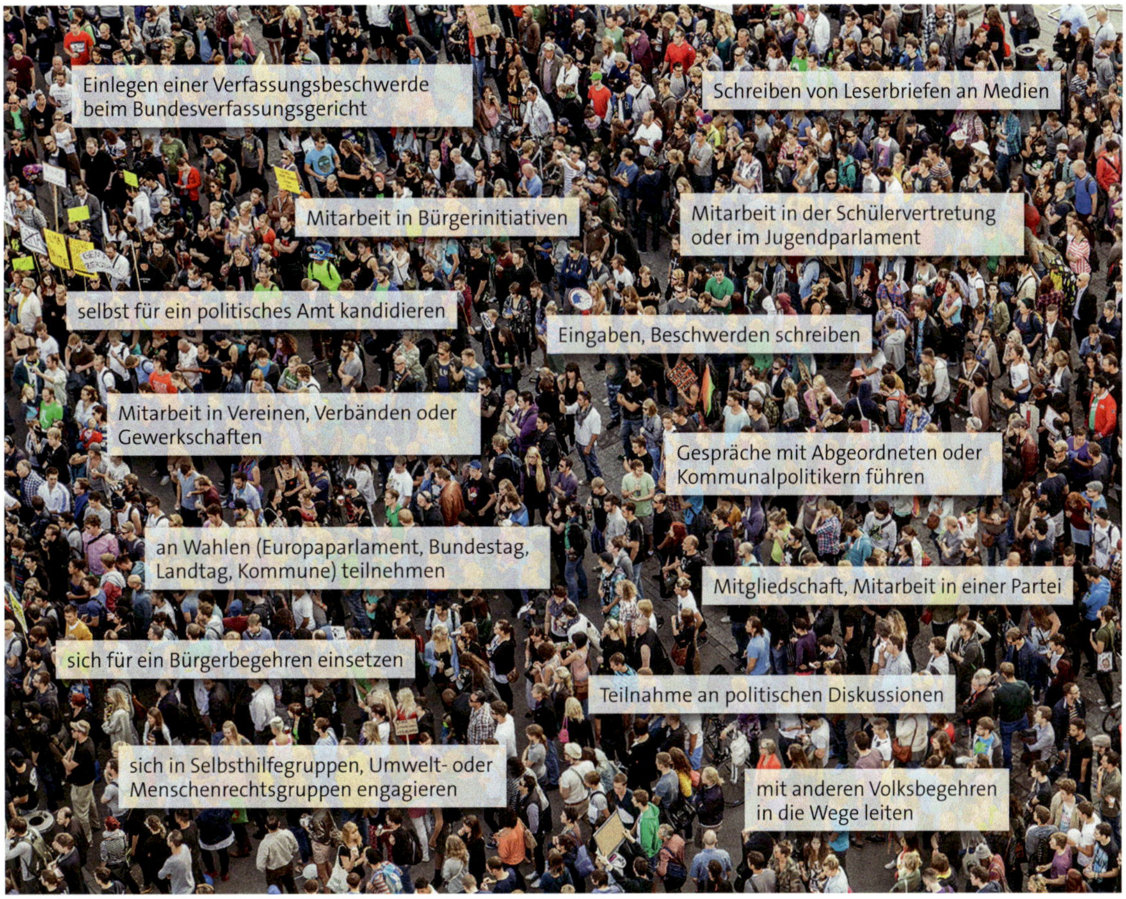

M3 Möglichkeiten politischer Beteiligung

1 Nehmt Stellung zu **M2**: Welche Rechte an einer politischen Beteiligung werden Jugendlichen von den verschiedenen Institutionen eingeräumt (s. auch **M1**)? Worin stimmen sie überein, wo unterscheiden sie sich?

2 Wertet **M3** aus: Was bedeuten die dargestellten Beispiele politischer Beteiligung im Einzelnen und welche Möglichkeiten stehen Jugendlichen offen?

3 Erstellt eine Liste von Themen, mit denen ihr euch beschäftigen und bei denen ihr mitgestalten möchtet.

4 Entwerft einen Plan, um eigene Vorstellungen in eurem Ort zu verwirklichen.

Mitbestimmen im Jugendparlament

M1 Sitzung des Kinder- und Jugendparlaments Lingen, *Foto 2011*

Was sind Jugendparlamente?

In den Jugendparlamenten nehmen gewählte Vertreter die Interessen von Kindern und Jugendlichen gegenüber der Gemeinde wahr. Im Vordergrund stehen meistens Fragen zur Schulhofgestaltung, zu Radwegen und Freizeitanlagen, aber auch Probleme des Umweltschutzes. Häufig engagieren sich die Jugendlichen in den Jugendparlamenten aber auch gegen Rechtsextremismus und Fremdenfeindlichkeit.

Wie arbeiten Jugendparlamente?

Sie erteilen sich selbst die Aufträge, die sie bearbeiten möchten. Sie beginnen eigenständig Projekte und regen Diskussionen an. Sie finden in Abstimmungen zu gemeinsamen Standpunkten und vertreten diese gegenüber den politischen Ansprechpartnern vor Ort. Dies sind in erster Linie der Bürgermeister, die Gemeindeverwaltung oder der Gemeinderat bzw. der Stadtrat. Diesen werden Lösungsvorschläge zu bestimmten Fragen in Form von Anträgen vorgelegt. In manchen Kommunen haben die Jugendparlamente einen eigenen Etat zur Verfügung, d. h., sie haben für ihre Arbeit Geld, über das sie frei verfügen können.

Das Jugendparlament Lingen

Auf der Website des Kinder- und Jugendparlaments Lingen heißt es: „Das Kinder- und Jugendparlament ist für zwei Jahre Anlaufstelle und politisches Forum für Jugendliche. Es vertritt überparteilich die Interessen der Jugend gegenüber dem Jugendhilfeausschuss und berät diesen in Angelegenheiten, die Kinder und Jugendliche betreffen." Beim Jugendhilfeausschuss handelt es sich um eine Abteilung des Jugendamtes. Das Jugendparlament arbeitet im Stadtjugendring mit, dem Dachverband für ehrenamtliche Jugendverbände in der Stadt Lingen.
Die letzten Wahlen zum Jugendparlament Lingen fanden 2014 statt. Von insgesamt 3848 wahlberechtigten Kindern und Jugendlichen haben sich 2198 aktiv mit der Abgabe ihrer Stimme an der Wahl beteiligt. Dies ist eine Wahlbeteiligung von 57,4 Prozent.

Zusammensetzung und Etat

Das Kinder- und Jugendparlament Lingen setzt sich aus 60 Mitgliedern zusammen. 32 Sitze werden über die Lingener Schulen gewählt, die restlichen 28 Sitze über drei Wahlbezirke. Die Amtszeit des Kinder- und Jugendparlaments beträgt zwei Jahre. Ein eigener Etat in Höhe von 9 400,00 € sichert die praktische Handlungsfreiheit (Unterstützung von Projekten, Durchführung eigener Aktionen).

M 2 Wie kann ich wählen?

... Wenn du zwischen 11 und 17 Jahren bist und deinen Hauptwohnsitz in der Stadt Lingen (Ems) hast, darfst du wählen. Du hast insgesamt 2 Stimmen. Mit einer Stimme wählst du deine Vertreterin/deinen Vertreter für den Ortsteil, mit der anderen Stimme wählst du eine Kandidatin/einen Kandidaten deiner Schule. Das Wahllokal befindet sich jeweils vormittags in den Lingener Schulen. Solltest du keine Lingener Schule besuchen, kannst du am Wahlsamstag ein Wahllokal in der Lingener Innenstadt aufsuchen. Alle wichtigen Infos zu den Wahllokalen und zur anschließenden Wahlparty werden mit der Wahlbenachrichtigungskarte bekannt gegeben.

https://www.lingen.de (Zugriff: 30.9.2015)

M 3 Wie werde ich Kandidatin oder Kandidat?

... Die wichtigste Voraussetzung für eine erfolgreiche Wahl des Kinder- und Jugendparlamentes sind Kandidatinnen und Kandidaten. Das KiJuPa bietet dir die Möglichkeit, deine Interessen gegenüber der Öffentlichkeit und in politischen Gremien zu vertreten. Wenn du Lust hast, im KiJuPa mitzuarbeiten, kannst du dich für deine Schule oder für deinen Ortsteil aufstellen lassen. Vor der Wahl verteilen wir in den Schulen und verschiedenen anderen Einrichtungen Kandidatensteckbriefe. ...

https://www.lingen.de (Zugriff: 30.9.2015)

M 4 *Zeichnung: Orlando*

M 5 Aufgaben des Kinder- und Jugendparlaments Lingen

- Monatliche Sitzungen im Ratssitzungssaal der Stadt Lingen
- Themenbezogene Arbeitskreise (Innenstadt, Party, Öffentlichkeitsarbeit)
- Projekte und Aktionen: Mahnwache gegen Rechtsextremismus – U-16-Partys – Schulbandkonzert – Playgrounds im Emsauenpark (BMX-Parcours etc.) – Beleuchtungssituation im Stadtgebiet und in den umliegenden Ortsteilen – Verleihung des Kinder- und Jugendförderpreises „Die Wühlmaus" – Eigene KiJuPa-Ausweise – ....
- KiJuPa – Raum im Kinder-, Jugend- und Kulturzentrum „Alter Schlachthof" ...

https://www.lingen.de (Zugriff: 30,9.2015)

1 Berichtet über Anliegen von Jugendlichen, die in eurer Gemeinde dringend behandelt werden müssten. Orientiert euch dabei am Text und an **M 5**.

2 Erkundet, ob es in eurer Gemeinde ein Jugendparlament gibt:
– Listet auf, mit welchen Themen es sich befasst. Vergleicht, ob diese denen entsprechen, die ihr in Aufgabe 1 genannt habt.

3 Erörtert, ob die Organisation eines Jugendparlaments eurem Verständnis von Mitarbeit entspricht (Text, **M 2**, **M 3**). Entscheidet, ob ihr in diesem Jugendparlament mitarbeiten würdet.

4 Erarbeitet, auf welches Problem die Karikatur aufmerksam macht (**M 4**).

Besuch einer Gemeinderatssitzung

M1 Sitz des Gemeinderats ist das Rathaus

M2 Checkliste

1. Schritt: Kontaktaufnahme

- Erkundigt euch bei der Gemeindeverwaltung nach dem Termin und der Tagesordnung der nächsten Sitzung des Gemeinderats. Beides wird auch in der Lokalzeitung veröffentlicht. Wählt nach Möglichkeit eine Sitzung aus, bei der Themen, die euch interessieren, auf der Tagesordnung stehen.

2. Schritt: Vorbereitung

- Um die Ereignisse in der Sitzung besser verstehen zu können, muss man einiges wissen. Informiert euch im Unterricht näher über
  a) den Ablauf einer Sitzung (M 2),
  b) die beteiligten Fraktionen und Ausschüsse,
  c) aktuelle Projekte eurer Gemeinde und den Gemeindehaushalt.
    - Notiert offene Fragen, um sie dem Bürgermeister oder einem Gemeinderat stellen zu können.
    - Vielleicht könnt ihr einen Gemeinderat in den Unterricht einladen und zu den Tagesordnungspunkten befragen.
- Besprecht, was ihr während der Sitzung der Gemeindevertretung beobachten wollt. Jede Gruppe erhält einen Beobachtungsauftrag, z. B.
    - zu den einzelnen Tagesordnungspunkten (M 3),
    - zu den unterschiedlichen Meinungen der Fraktionen,
    - zu den Abstimmungsergebnissen,
    - zum Ablauf der Sitzung,
    - zur Rolle des Bürgermeisters.

3. Schritt: Durchführung

Vielleicht könnt ihr etwas früher ins Rathaus kommen und euch in die bevorstehende Sitzung einweisen lassen.
Nehmt Block, Stift und Schreibunterlage mit in den Sitzungssaal. Verfolgt den Ablauf der Sitzung, eventuelle Debatten und Abstimmungen und notiert, was für eure Beobachtungsaufgabe wichtig ist. Schreibt auf, wenn euch etwas auffällt oder unklar bleibt. Vielleicht könnt ihr im Anschluss an die Sitzung den Bürgermeister befragen.

4. Schritt: Auswertung

Die Gruppensprecher berichten über ihre Beobachtungsergebnisse. Ihr könnt euch gegenseitig eure Eindrücke schildern. Nehmt Stellung zu den Entscheidungen der Gemeindevertretung.
Versucht nach eurem Besuch, die Sitzung des Gemeinderats nachzuspielen.
Interviewt den Bürgermeister oder einen Gemeindevertreter über seine Arbeit.
Ihr könnt euch mithilfe einer Fragebogenaktion darüber informieren, was in der Öffentlichkeit über die Arbeit der Gemeindevertretung bekannt ist. Mögliche Fragen könnten sein:

- Besuchen Sie Sitzungen des Gemeinderates öfter/selten/nie?
- Welche Parteien sind im Gemeinderat vertreten?
- Lesen Sie Berichte über die Gemeinde in der Lokalzeitung?

In der Regel tagt der Gemeinderat öffentlich. Dies ermöglicht euch, sozusagen „live" daran teilzunehmen und so einen Einblick in die Arbeit vor Ort zu erhalten. Um einen Besuch zu einem Erfolg werden zu lassen, solltet ihr ihn vorbereiten und auswerten.

M 3 Geschäftsordnung – die wichtigsten Regeln

1. Der Rat wählt aus seiner Mitte die Ratsvorsitzende oder den Ratsvorsitzenden.
2. Jedes Ratsmitglied ist berechtigt, Anfragen zu Gegenständen der Tagesordnung an die Bürgermeisterin oder den Bürgermeister und an Vorsitzende von Ausschüssen zu stellen.
3. Ratsmitglieder und andere an der Sitzung teilnehmende Personen dürfen nur sprechen, wenn die Ratsvorsitzende oder der Ratsvorsitzende ihnen das Wort erteilt hat. Wortmeldungen erfolgen durch Handaufheben.
4. Auf Antrag einer Fraktion oder Gruppe findet als erster Sachpunkt einer Ratssitzung eine Aussprache über eine die Gemeinde unmittelbar betreffende Angelegenheit von aktuellem Interesse statt, die nicht Gegenstand eines sonstigen Tagesordnungspunktes der nachfolgenden Ratssitzung ist (Aktuelle Stunde).
5. Die Bürgermeisterin oder der Bürgermeister gibt das Thema der Aktuellen Stunde im Rahmen der Veröffentlichung der Tagesordnung bekannt.
6. Die Ratsvorsitzende oder der Ratsvorsitzende sorgt für die Aufrechterhaltung der Ordnung in den Sitzungen und achtet auf die Einhaltung der Geschäftsordnung. Sie oder er übt das Hausrecht aus.
7. Die Ratsvorsitzende oder der Ratsvorsitzende erteilt das Wort in der Reihenfolge der Wortmeldungen bei gleichzeitiger Meldung nach pflichtgemäßem Ermessen.
8. Jede Rednerin und jeder Redner hat sich bei ihren oder seinen Ausführungen streng an die Sache zu halten. Die Ratsvorsitzende oder der Ratsvorsitzende kann Rednerinnen und Redner, die vom Verhandlungsgegenstand abweichen oder sich mehrfach wiederholen, zur Sache rufen.
9. Nach Schluss der Aussprache und persönlichen Bemerkungen eröffnet die Ratsvorsitzende oder der Ratsvorsitzende die Abstimmung. Vor der Abstimmung wiederholt sie oder er den Antrag oder verweist auf die Vorlage, aus der der Antrag ersichtlich ist. Während des Abstimmungsverfahrens sind weitere Anträge unzulässig.
10. Beschlüsse werden, soweit das Gesetz oder in Verfahrensangelegenheiten diese Geschäftsordnung nichts anderes bestimmt, mit der Mehrheit der auf „Ja" oder „Nein" lautenden Stimmen gefasst. Bei Stimmengleichheit ist der Antrag abgelehnt.
11. Jedes Ratsmitglied ist berechtigt, Anfragen zu Gegenständen der Tagesordnung an die Bürgermeisterin oder den Bürgermeister und an Vorsitzende von Ausschüssen zu stellen.
12. Die Ratsvorsitzende oder der Ratsvorsitzende kann Zuhörerinnen und Zuhörer, die sich wiederholt ordnungswidrig verhalten, von der Sitzung ausschließen.
13. Die Niederschrift der Ratssitzung soll dem entsprechenden Personenkreis spätestens 10 Tage nach der Sitzung zugegangen sein.

Geschäftsordnung für den Rat der Gemeinde Wedemark vom 15.5.2012; https://www.wedemark.de

M 4 Tagesordnung der Sitzung des Rates der Gemeinde Wedemark am 17.12.2012, 20.00 Uhr (Auszug)

1. Eröffnung, Begrüßung der Anwesenden, Feststellung der ordnungsgemäßen Ladung und Beschlussfähigkeit
2. Genehmigung der Niederschrift der Sitzung vom 17.9.2012
3. Mitteilungen des Bürgermeisters
4. Umbesetzung Verwaltungsausschuss
5. Neuwahl einer 1. stellvertretenden Bürgermeisterin oder eines 1. stellvertretenden Bürgermeisters
6. Neufassung der Gebührensatzung für die Straßenreinigung (einschließlich Winterdienst)
7. Antrag der SPD-Fraktion; hier: Konzept zur Vandalismusvermeidung
8. Personalangelegenheit; Berufung eines Beamten in das Beamtenverhältnis auf Lebenszeit
9. Bestellung der Vertreter der Gemeinde Wedemark in wirtschaftlichen Unternehmen und sonstige Organisationen
10. Hebesatzsatzung 2013 (Grund- u. Gewerbesteuer)

www.wedemark.de

Die Finanzierung der Gemeinden

M1 Sparkassen und Banken – wichtige Gläubiger einer Kommune

Aufgaben und Ausgaben

Eine Gemeinde hat Pflichtaufgaben, die sie auf jeden Fall erfüllen muss, und freiwillige Aufgaben. Vom Staat vorgegeben sind z. B. als Pflichtaufgaben die Auszahlung von Sozialhilfe und Wohngeld, die Bereitstellung von Feuerwehr, Rettungsdiensten und Katastrophenschutz und die Durchführung von Gemeindewahlen. Über freiwillige Aufgaben entscheidet die Gemeinde nach eigenem Ermessen und nach ihren finanziellen Möglichkeiten. Sie entscheidet, ob neue Busse angeschafft werden oder ob sie ein neues Schwimmbad baut. Bei der Erfüllung dieser Aufgaben muss die Gemeinde darauf achten, dass sie ihre Gelder sinnvoll und gerecht auf verschiedene Projekte verteilt. Dabei gibt es unterschiedliche Interessen: Kinder hätten zum Beispiel gerne eine neue Skaterbahn, die Ladenbesitzer möchten, dass die Hauptstraße neu gestaltet wird, und Eltern möchten, dass neue Kindergartenplätze geschaffen werden.

Steuern für die Gemeinde

Fast jeder Bürger muss Einkommensteuer bezahlen, wenn er Lohn bzw. Gehalt bekommt oder ein anderes Einkommen hat (z. B. Mieteinnahmen). Gewerbebetriebe müssen die Gewerbesteuer zahlen. Ihre Höhe hängt vom Ertrag eines Betriebes ab. Die Umsatzsteuer müssen die Unternehmer auf alle Lieferungen und Leistungen zahlen, die sie gegen Entgelt ausführen. Sie geben diese Steuer aber an den Verbraucher weiter. Auf jeder Rechnung ist sie zurzeit mit 19 Prozent des Endbetrages ausgewiesen. Mit der Grundsteuer besteuert die Gemeinde bebaute Wohn- und Betriebsgrundstücke und Grundstücke, die landwirtschaftlich genutzt werden.

Einnahmequellen der Gemeinde

- Steuern: Lohn- und Einkommensteuer, Umsatzsteuer (Anteile)
- Grundsteuer, Gewerbesteuer (gehen direkt an die Kommunen)
- kleine eigene Steuern der Gemeinden wie z. B. Hundesteuer
- Gebühren: als Beitrag der einzelnen Bürger für bestimmte Leistungen, wie z. B. Müllabfuhr, Parkplatznutzung oder Eintrittsgelder, z. B. für Schwimmbäder
- Beiträge: zusätzliche Zahlungen der Bürger, z. B. für die Erschließung von Straßen, Kanalanschluss
- Verkäufe und Verpachtung von Gemeindeland
- Wenn die Ausgaben die Einnahmen übersteigen, können Gemeinden auch Kredite aufnehmen, vor allem bei Banken und Sparkassen.

M 2 Wie kann man die Einnahmen der Gemeinden verbessern? Jugendliche sprechen mit dem Kämmerer.

M 3 Ein Wirtschaftsexperte schreibt:

... Die Bürgerinnen und Bürger erwarten immer mehr Leistungen des Staates. Ohne eine Einnahmenverbesserung wird all dieses nicht realisierbar sein. Ein wichtiger Baustein ist hier die längst überfällige Reform der Grundsteuer. ... Bei der Grundsteuer ... muss die anstehende Reform zu einer Erhöhung des Aufkommens führen, zumal die deutsche Grundsteuer im internationalen Vergleich sehr niedrig ist. ...

Wie die Kommunen noch zu retten sind, Handelsblatt Online, 4.10.2015; in: http://www.handelsblatt.com (Zugriff: 4.10.2015)

* **Kämmerer**
der Verantwortliche für die finanziellen Angelegenheiten einer Kommune

1 Nennt die Möglichkeiten der Gemeindefinanzierung und erläutert sie jeweils kurz (Text).

2 Nehmt Stellung zu den Vorschlägen der Jugendlichen in **M 2**. Welcher Vorschlag erscheint euch am sinnvollsten?

3 Erklärt, was in **M 3** vorgeschlagen wird und nehmt Stellung dazu.

Wir analysieren und interpretieren Diagramme

Diagramme machen Zahlen anschaulicher

Um Zahlenwerte anschaulich zu machen, werden diese häufig in einem Diagramm zeichnerisch dargestellt. Dadurch können Größen und Größenbeziehungen besser erfasst werden. Während sich aus einer Tabelle exakte Zahlenwerte ermitteln lassen, steht bei einem Diagramm die Anschaulichkeit im Vordergrund. Diagramme lassen sich aber auch absichtlich oder unabsichtlich manipulieren. Das geschieht zum Beispiel, indem die Abmessungen (Höhe, Breite) der Achsen falsch gewählt sind, bestimmte Werte in einer Zahlenreihe weggelassen und bestimmte Zeiträume nicht dargestellt werden.

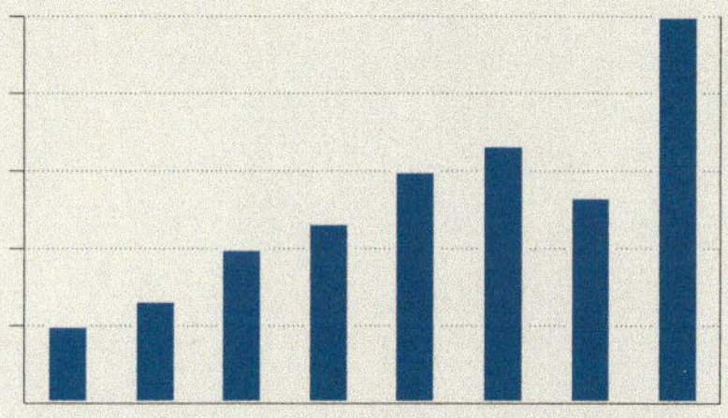

Balken- und Säulendiagramm/Stabdiagramm
sind einfache Diagrammdarstellungen, in denen Zahlenwerte in waagerechten Balken oder senkrechten Säulen/Stäben dargestellt werden. Die dargestellten Mengen und Größen lassen sich gut vergleichen. Es können Rangfolgen und Entwicklungen erkannt werden.

Linien- und Kurvendiagramm
Mithilfe eines Liniendiagramms lässt sich eine Abfolge von Zahlenwerten veranschaulichen, die einen bestimmten Zeitraum umfassen und somit eine Entwicklung verdeutlichen. Wenn die Zahlenwerte eine stetige Entwicklung darstellen, sind Kurvendiagramme geeignet.

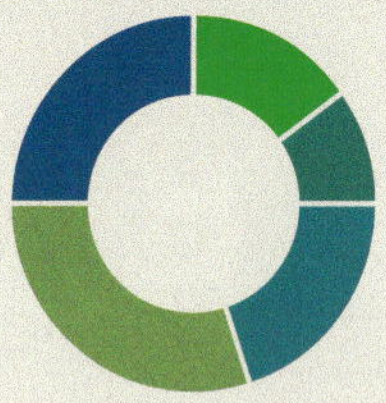

Kreisdiagramm
Kreisdiagramme sind besonders gut geeignet für die Darstellung von Verteilungen, durch sie werden Teilmengen einer Gesamtmenge veranschaulicht. Dabei entspricht der Vollkreis von 360 Grad 100 Prozent, demzufolge 3,6 Grad einem Prozent.

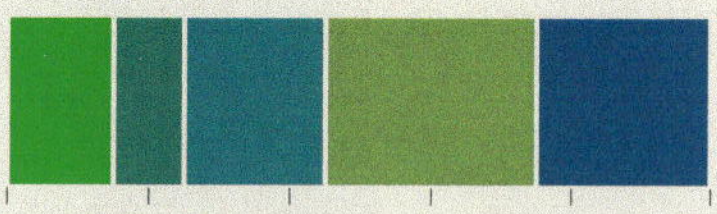

Streifendiagramm/Prozentstreifen
Ähnlich wie ein Kreisdiagramm ist das Streifendiagramm zur Darstellung von Verteilungen gut geeignet. Die Gesamtlänge des Streifens stellt 100 Prozent dar.

M1 Diagrammarten

M2 Checkliste zum Analysieren und Interpretieren von Diagrammen

1. Thema des Diagramms erfassen
- Informiert euch anhand der Überschrift, der Legende und weiterer Angaben über den Inhalt des Diagramms und dessen Quelle.

2. Darstellungsform des Diagramms analysieren
Bestimmt den Diagrammtyp.
- Ermittelt, ob absolute oder relative Zahlen oder Durchschnittswerte verwendet wurden.
- Informiert euch über verwendete Maßeinheiten, Jahreszahlen u.Ä.

3. Inhalte analysieren
- Analysiert, ob eine oder mehrere Informationen dargestellt sind.
- Ermittelt, ob die Zahlenwerte eine räumliche Zuordnung haben.
- Lest aussagekräftige Zahlenwerte ab, zum Beispiel die niedrigsten und die höchsten Werte, andere Extremwerte, Zuwachsraten.
- Vergleicht die von euch ermittelten Zahlenwerte.
- Stellt fest, ob Entwicklungen oder Verteilungen ablesbar sind.

4. Inhalte interpretieren
- Untersucht, ob und welche Zusammenhänge es zwischen den einzelnen Werten gibt.
- Erklärt Entwicklungen und Verteilungen, indem ihr die Zahlenwerte in räumliche und zeitliche Zusammenhänge einordnet.
- Bewertet, ob die Informationen im Diagramm ausreichend sind oder ob ihr ergänzende Informationen benötigt.
- Überprüft, ob die Gefahr der Manipulation der Zahlenwerte durch deren Darstellungsart gegeben ist.
- Formuliert die grafische Aussage des Diagramms in Worten.

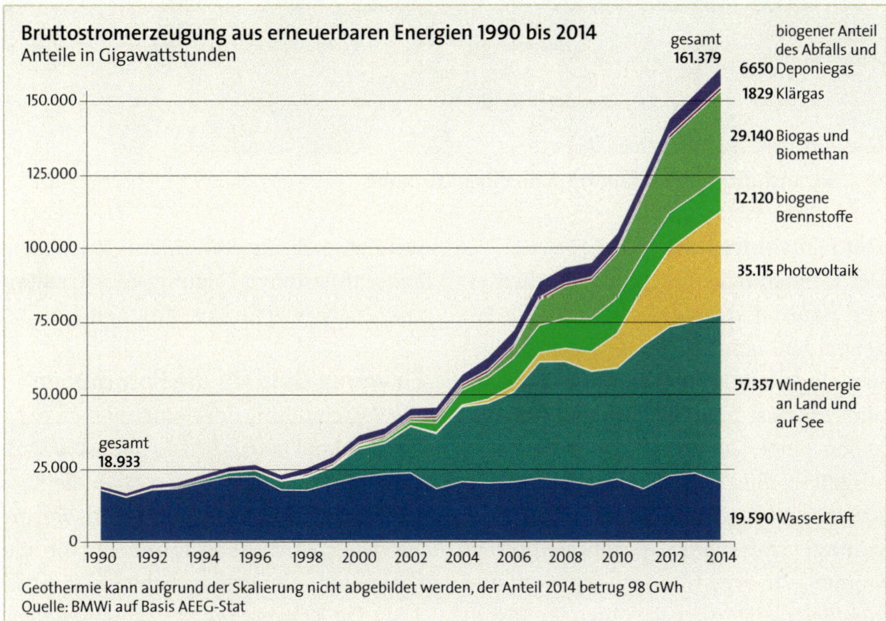

M3 Erneuerbare Energien in Deutschland

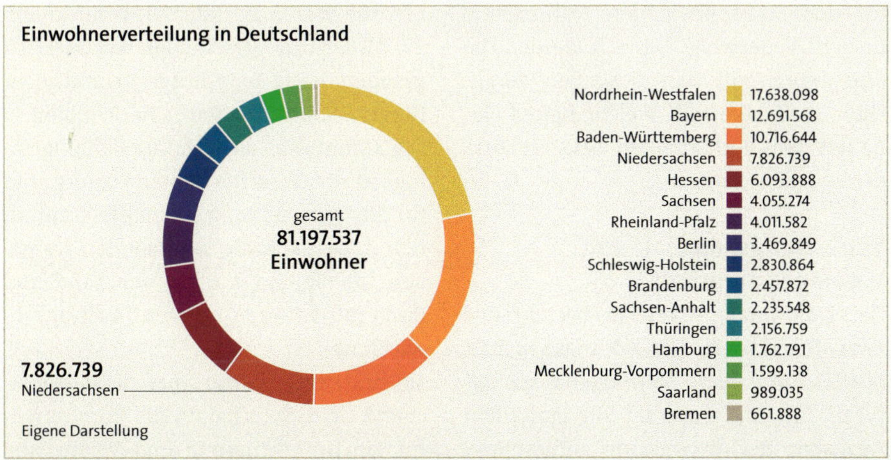

M4 Kreisdiagramm (Einwohnerverteilung in Deutschland)

1 Fertigt eine Tabelle an, in der ihr die verschiedenen Arten von Diagrammen und deren wichtigste Merkmale gegenüberstellt.

2 Wertet mithilfe der Checkliste die beiden Diagramme auf dieser Seite aus (M3 und M4).

Der Haushaltsplan der Gemeinde

M 1 Sozialstation – eine kommunale Pflichtaufgabe

Der Haushaltsplan

Der Gemeinderat beschließt jährlich einen Haushaltsplan. Dieser gilt in der Regel ein Jahr lang und muss möglichst genau eingehalten werden. Der Haushaltsplan umfasst alle Einnahmen und Ausgaben einer Gemeinde (M 2). Er ist so aufgeteilt, dass die zu erwartenden Einnahmen (M 4) den notwendigen und geplanten Ausgaben gegenübergestellt werden. Zu erwartende Ausgaben sind zum Beispiel Personalkosten oder Kosten für den Straßenbau, den Naturschutz und die Feuerwehr. Danach werden die Einnahmen mit den Ausgaben verglichen und festgestellt, welche neuen Pläne mit dem vorhandenen Geld verwirklicht werden können.

Verwaltungshaushalt und Vermögenshaushalt

Der kommunale Haushalt besteht aus zwei Teilen: dem Verwaltungshaushalt (VWH) und dem Vermögenshaushalt (VMH). Im VWH werden die laufenden Ausgaben der Verwaltung aufgeschrieben, zum Beispiel: Personal- und Sachkosten, Energiekosten, Versicherungsbeiträge, Umlagen. Der VMH bezieht sich auf alle Ausgaben, die das Vermögen erhöhen. Er wird v. a. für neue Projekte verwendet: z. B. für Erwerb von Vermögen, Baumaßnahmen, Tilgung von Krediten oder Zuschüsse für Investitionen.

Zu wenig Geld für die Kommunen

Die Verschuldung der Gemeinden in ganz Deutschland betrug 2014 knapp 330 Mrd. Euro. Im Jahr 2015 kamen noch die Kosten für die Unterbringung und Versorgung der Flüchtlinge hinzu, für die die Kommunen verantwortlich sind (s. auch S. 58). Die Kommunen des Landes Niedersachsen waren im Jahr 2014 mit knapp 27 Mrd. Euro verschuldet. Rechnerisch gesehen, hatte jede Bürgerin und jeder Bürger 3500 Euro öffentliche Schulden.

Die Kommunen sichern ihre Zahlungsfähigkeit mit Krediten*. Einen Hauptgrund für die Verschuldung sehen die Kommunen in den ständig wachsenden Aufgaben, die sie im Auftrag von Land und Bund durchführen müssen (Auftragsabwicklung).

Sie bekommen dafür aber nicht ausreichend Geld. So erhalten die Kommunen für die Unterbringung und Versorgung der Flüchtlinge, die seit dem Sommer 2015 nach Deutschland kommen, nicht alle Kosten vom Land oder dem Bund ersetzt.

* **Kredit**
Darlehen von Banken

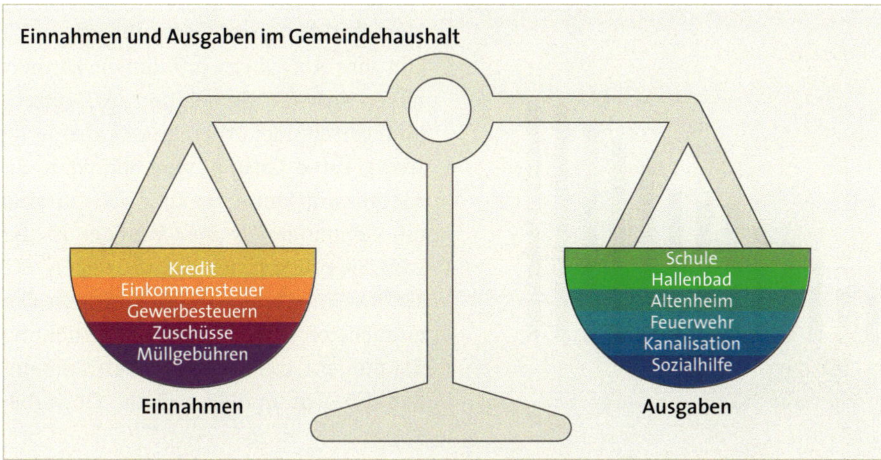

M2 Im Idealfall halten sich bei der Haushaltsplanung Ausgaben und Einnahmen ohne Kreditaufnahme die Waage.

M4 Leistungen der Stadt Northeim (Auswahl)

Museum, Musikpflege, Bauausgaben und Beschaffung, Bücherei, Sportangelegenheiten, Freibäder, Tilgung von Krediten und Darlehen, Unterhaltung von Sportplätze, Freizeiteinrichtungen, Zuschüsse für Investitionen

M3 Übersicht Gesamthaushaltsplan der Stadt Northeim 2015 (Auszug, in Euro):

Finanzhaushalt	
Summe der Einzahlungen aus laufender Verwaltungstätigkeit	42.012.400
Summe der Auszahlungen aus laufender Verwaltungstätigkeit	40.903.600
Saldo* aus laufender Verwaltungstätigkeit	1.108.800
Summe der Einzahlungen für Investitionstätigkeit	740.400
Summe der Auszahlungen aus Investitionstätigkeit	3.504.300
Saldo aus Investitionstätigkeit	−2.763.900
Finanzierungsmittelüberschuss/-fehlbetrag	−1.655.100
Summe der Einzahlungen für Finanzierungstätigkeit	1.403.900
Summe der Auszahlungen für Finanzierungstätigkeit	1.925.000
Saldo aus Finanzierungstätigkeit	− 521.100

Nach: http://www.northeim.de (Zugriff: 5.10.2015)

* **Saldo**
Differenz (Unterschied) zwischen der Soll- und der Habenseite eines Kontos

1 Berichtet, wer den Haushaltsplan einer Gemeinde beschließt (Text).
2 Erläutert den Zweck eines Haushaltsplans (Text).
3 Beschreibt den Unterschied zwischen Verwaltungs- und Vermögenshaushalt (Text).
4 Zeigt aus **M1**, **M3** und **M4** die Posten, die zum Verwaltungshaushalt, und die, die zum Vermögenshaushalt gehören.
5 Begründet, warum der Haushalt einer Gemeinde ausgeglichen sein sollte (**M2**, Text).
6 Untersucht in **M3**, ob
– der Saldo der Verwaltungstätigkeit,
– der Saldo der Investitionstätigkeit,
– der Saldo der Finanzierungstätigkeit
positiv oder negativ ist.
7 Erklärt, ob die Stadt Northeim verschuldet ist oder nicht. Wenn ja, nennt die Höhe der Verschuldung.
8 Ladet einen Kommunalpolitiker in den Unterricht ein und lasst euch die Haushaltslage eurer Gemeinde erklären.

Wie können die Einnahmen erhöht werden?

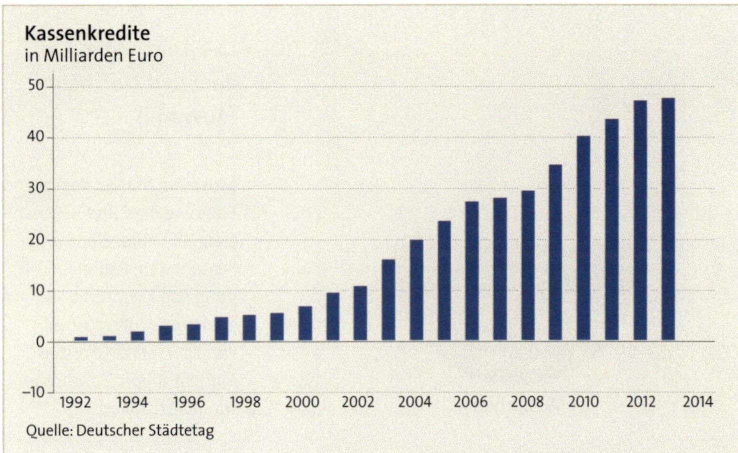

M 1 Kreditaufnahme der deutschen Gemeinden in Mrd. Euro (Quelle: Deutscher Städtetag)

Rekordanstieg der Gewerbesteuern

Mehr als jede zweite niedersächsische Gemeinde hat in den vergangenen vier Jahren die Grund- und Gewerbesteuer erhöht. Unternehmerverbände kritisieren, dass diese Steuererhöhungen zulasten der Unternehmen gingen. Betriebe könnten gegebenenfalls ihren Standort verlegen.

Verschuldung der Gemeinden

Um ihre Aufgabern erfüllen zu können, haben sich die Gemeinden in Deutschland verschuldet (M 1). Das ist aber langfristig keine Lösung, weil Schulden zurückgezahlt werden müssen. Dazu sind die Gemeinden immer weniger in der Lage. Sie müssen sich also überlegen, wie sie ihre Einnahmen erhöhen können. Am einfachsten geht das über die Erhöhung der Steuern, die direkt von den Gemeinden erhoben werden, z. B. der Gewerbesteuer.

Eine weitere wichtige kommunale Steuer ist die Grundsteuer. Auch diese Steuer erhöhten zahlreiche Gemeinden. Sie wissen natürlich, dass diese Erhöhungen die Unternehmen stärker belasten. Viele Kommunen versuchen über Gebührenerhöhungen ihre Einnahmen zu verbessern, z. B. über die Erhöhung der Eintrittspreise für das Schwimmbad.

M 2 Der Mitteldeutsche Rundfunk (MDR) berichtet, 2015:

... Jens Schuster ist um seinen Job nicht zu beneiden. Er verwaltet die Kasse von Sangerhausen. Die Stadt hat mit 13 Prozent die höchste Arbeitslosenquote Sachsen-Anhalts und ist notorisch klamm. „Wir befinden uns seit 2002 in einer angespannten Haushaltskonsolidierung* und haben aktuell in diesem Haushaltsjahr ein Haushaltsdefizit* von annähernd drei Millionen und eine Kassenkreditaufnahme von über 20 Millionen." ... Die Stadt hat deshalb eine Entscheidung getroffen: Für dieses Jahr erhöhte sie ihre Gewerbesteuern deutlich. „Diese Entscheidung ist den Stadtabgeordneten ausgesprochen schwer gefallen. Wir haben mit lediglich ein oder zwei Stimmen Mehrheit den Beschluss gefasst, die Gewerbesteuer zu erhöhen."

Ralf Geißler: Erhöhung ist für einige Kommunen das letzte Mittel, MDR-Info, 19.8.2015; in: http://www.mdr.de (Zugriff: 6.10.2015)

* **Konsolidierung** Festigung

* **Defizit** Fehlbetrag

M 3 Grüne für Ausweitung der Gewerbesteuer

Eine große Mehrheit der rund 750 Delegierten des Grünen-Parteitags stimmte dafür, die wichtigste kommunale Einnahmequelle auf mehr Unternehmen und Freiberufler auszuweiten. Derzeit zahle nur ungefähr ein Drittel der umsatzsteuerpflichtigen Unternehmen Gewerbesteuer, heißt es in dem Parteitagsbeschluss. Diese „Gerechtigkeitslücke" müsse geschlossen werden. Grünen-Chef Cem Özdemir rief seine Partei auf, sich verstärkt mit der Situation der Kommunen zu befassen. Diese hätten wegen der Finanznot immer weniger Handlungsspielraum, sagte er vor den Delegierten. „Den meisten Kommunen droht der Zusammenbruch", heißt es in dem verabschiedeten Antrag. ...

lis/AFP/Reuters: Parteitag in Freiburg: Grüne stimmen für Gewerbesteuer-Ausbau, Spiegel Online 24.11.2010; in: http://www.spiegel.de (Zugriff: 7.10.2015)

M4 O.k., der Haushalt 2015 ist ausgeglichen, aber dafür sitzen wir jetzt irgendwie fest!
Zeichnung: Heinrich Schwarze-Blanke

M5 IHK: Obergrenze der Steuerbelastung erreicht!

... Die IHK* appelliert eindringlich an die Stadt Saarbrücken, den Hebesatz der Gewerbesteuer nicht wie geplant zu erhöhen. ... „Die vertretbare Obergrenze ist längst erreicht, zumal sich unsere Wirtschaft weiter im Strukturwandel befindet. Eine weitere Anhebung der Steuerlast würde die Investitionsfähigkeit der Unternehmen mindern und dem Wirtschaftsstandort Saarbrücken schaden", so IHK-Hauptgeschäftsführer Volker Giersch. Mit der kräftigen Anhebung des Hebesatzes schade die Stadt der Wirtschaft, Arbeitnehmern und gerade auch der Industrie.

IHK-Appell an Landeshauptstadt: Gewerbesteuer nicht weiter erhöhen!, PresseBox Saarbrücken, 24.06.2015; in: http://www.pressebox.de (Zugriff: 12.10.2015)

* **Industrie- und Handelskammertag (IHK)** Interessenvertretung der gesamten gewerblichen deutschen Unternehmer

M6 Abhängigkeit von der Gewerbesteuer

... VW hat ein Problem – Wolfsburg hat ein Problem. Rund 60 000 Menschen beschäftigt Volkswagen in der Stadt, ist Sponsor des örtlichen Fußballvereins. Der Abgas-Skandal wird den Konzern nun Milliarden kosten. Und das treibt auch Oberbürgermeister Klaus Mohrs die Sorgenfalten auf die Stirn. In einem offenen Brief warnt er: „Auch wenn unsere Stadt schuldenfrei ist und wir Rückstellungen bilden konnten, sind deutliche Gewerbesteuereinbußen zu erwarten." Die Folge: Der Haushalt wird erst im Dezember diskutiert, Mohrs verhängt eine sofortige Haushaltssperre und Einstellungsstopp. ...

Jammer-Brief des Bürgermeisters zeigt, wie sehr Wolfsburg am VW-Tropf hängt, Focus Online v. 29.9.2015; in: http://www.focus.de (Zugriff: 19.19.2015)

* Als **VW-Abgasskandal** wird ein seit September 2015 aufgedeckter Vorgang bezeichnet, bei dem die Volkswagen AG unerlaubt ein Teil in der Motorsteuerung ihrer Diesel-Fahrzeuge verwendete, um die amerikanischen Abgasnormen zu umgehen.

1 Untersucht **M1**:
– Was sagt die Grafik aus über die Entwicklung der Kredite?
– Beschreibt auf dieser Grundlage die finanzielle Lage der meisten Gemeinden.

2 Arbeitet die Aussage der Karikatur **M4** heraus. Was sagt sie über die finanzielle Situation der Gemeinden aus (Text, **M2**)?

3 Fragt eure Eltern, wie sie die finanzielle Lage eurer Gemeinde einschätzen. Beurteilt, ob sie der Aussage der Karikatur **M4** entspricht.

4 Listet die Argumente von **M3** und **M5** auf und stellt sie gegenüber. Können Steuererhöhungen Verbesserungen bringen?

5 Erklärt die Probleme, die sich durch die Abhängigkeit von der Gewerbesteuer ergeben können (**M6**).

6 Erörtert die Vor- und Nachteile von Gebührenerhöhungen durch die Gemeinde (Text).

Flüchtlinge – sind die Kommunen überfordert?

M 1 Zeltunterkünfte für Flüchtlinge in einem ehemaligen Baumarkt in Hannover, *Foto 2015*

Anstieg der Flüchtlingszahlen

Im Jahr 2015 kamen eine Million Flüchtlinge nach Deutschland, von denen die meisten einen Asylantrag stellen. Da mit diesem Anstieg niemand gerechnet hatte, fehlen vielerorts geeignete Unterkünfte. Flüchtlinge können häufig nicht in festen Wohnhäusern untergebracht werden, sondern müssen in Schulturnhallen, Zelten und Containern einquartiert werden.

Klage der Kommunen

Die Kommunen in Deutschland beklagen sich schon seit langem, dass sie von Bund und Land viel zu wenig Geld bekommen. Die Städte und Gemeinden können ihre Aufgaben bei der Unterstützung von Asylbewerbern bald nicht mehr erfüllen. Zudem würden durch die Ausgaben für die Flüchtlinge andere kommunale Aufgaben vernachlässigt.

Streit um die Flüchtlinge

Ein Teil der Politiker in Deutschland möchte vor allem die Aufnahme von Flüchtlingen begrenzen, Menschen aus „sicheren Drittländern"* rasch ausweisen und die anderen Staaten der EU, vor allem Osteuropas, stärker an der Aufnahme von Flüchtlingen beteiligen.

Die Gegenposition besteht vor allem darin, die Aufnahme von Flüchtlingen nicht zu begrenzen und die Flüchtlinge rasch zu integrieren. Diese Politiker meinen, dass eine Begrenzung der Zahlen der Asylbewerber nicht zu den Grundwerten Deutschlands und der EU passe.

* **Sichere Drittländer**
Staaten, in denen es weder politische Verfolgung noch unmenschliche oder erniedrigende Bestrafung und Behandlung gibt

M 2 Zu viele Anreize – zu viele Flüchtlinge?

Unterstützung für Innenminister de Maizière: Die Kommunen schließen sich seiner Forderung an, Leistungen für Asylsuchende zu überprüfen. ...
Die Kommunen fordern eine schärfere Flüchtlingspolitik vor allem gegenüber Asylbewerbern aus dem Balkan. Der Städte- und Gemeindebund (DStGB) plädierte ... dafür, Leistungen für Flüchtlinge auf den Prüfstand zu stellen. „Es sollte geprüft werden, ob das deutsche System zu viele Anreize bietet", heißt es in einem Forderungskatalog des Städte- und Gemeindebundes.

Zu viele Anreize in Deutschland?, Tagesschau v. 15.8.2015; in: https://www.tagesschau.de (Zugriff: 13.10.2015)

M 3 Einrichtung von „Transitzonen"?

... CDU und CSU sind sich nach den Worten von CSU-Chef Horst Seehofer einig in der Forderung nach Transitzonen für Flüchtlinge an den deutschen Außengrenzen. ... Im Laufe dieser Woche werde man die Konzepte im Einzelnen ausarbeiten. ...
Bislang fordert vor allem die CSU die Einrichtung von Transitzonen*, doch auch Innenminister Thomas de Maizière (CDU) hält sie für ein sinnvolles Mittel. Transitzonen gibt es bereits jetzt an Flughäfen. Dort werden Asylbewerber festgehalten, die aus einem als sicher eingestuften Herkunftsland kommen oder keine beziehungsweise gefälschte Ausweispapiere haben. Ihr Asylgesuch wird innerhalb weniger Tage bearbeitet.
Seehofer verkündet Einigung mit der CDU über Transitzonen, SZ.de v. 12.10.2015; in: http://www.sueddeutsche.de (Zugriff: 13.10.2015)

M 5 „Transitzone" in Budapest, *Foto 2015*

M 4 Interview der Zeitung „Die Welt" mit dem Chef von Pro Asyl Deutschland, Günter Burkhardt

... Die Welt: Gibt es auch für das Asylsystem in reichen Ländern Grenzen des Wachstums?
Burkhardt: Bei Flucht vor Krieg, Terror und Verfolgung gibt es keine Obergrenze. Niemand darf in eine Situation zurückgewiesen werden, wo ihm Folter, unmenschliche Behandlung und Gefahr für Leib und Leben drohen. Das garantiert die Europäische Menschenrechtskonvention.
Die Welt: Ja, das ist die geltende Norm. Doch könnte bei dauerhaft 450 000 Asylbewerbern pro Jahr irgendwann eine Belastungsgrenze erreicht sein, ab der diese Norm zur unbedingten Aufnahme von den Gesellschaften abgelehnt wird?
Burkhardt: Das Entscheidende ist nicht, wie viele Flüchtlinge kommen, sondern ob es gelingt, sie zu integrieren, ihnen die Sprache zu vermitteln, sie in den Arbeitsmarkt zu integrieren. Deutschland überaltert und braucht Zuwanderung. Es ist möglich, mehr Menschen aufzunehmen, wenn man sich als Gesellschaft darauf einstellt und Integration organisiert.
Marcel Leubecher: Bei Flüchtlingsaufnahme gibt es keine Obergrenze, Die Welt v. 8.7.2015; in: http://www.welt.de (Zugriff: 13.10.2015)

* **Transitzone**
abgegrenzter und bewachter Bereich, in dem Reisende verbleiben müssen, wenn sie in ein anderes Land weiterreisen möchten. Damit soll eine unkontrollierte Einreise verhindert werden.

1 Ermittelt die aktuellen Flüchtlingszahlen (Text, **M 1**, Internet) und berichtet der Klasse.
2 Nennt Gründe, warum viele Flüchtlinge einen Asylantrag stellen.
3 Setzt **M 2** in Beziehung zum Textabschnitt „Streit um Flüchtlinge".
4 Erläutert, warum Asylbewerber aus sicheren Herkunftsstaaten rasch zurückgeschickt werden sollen (**M 3**).
5 Begründet, warum Transitzonen sehr umstritten sind (**M 3 bis M 5**).
6 Erarbeitet, inwiefern sich die Haltung von Günter Burkhardt (**M 4**) von **M 2** und **M 3** unterscheidet.
7 Beurteilt, ob die Kommunen überfordert sind, und diskutiert: Soll es in Deutschland eine Obergrenze für Flüchtlinge geben?

Das kann ich ...

M1 Wichtige Begriffe

- Schülervertretung
- Kommunalwahlen
- Bürgerentscheid
- Bürgermeister
- Nutzungskonflikt
- Gemeinderat
- Gemeindehaushalt
- Jugendparlament

M2 Begriffspaare

absolute Mehrheit	getroffene Absprachen
Klassengemeinschaft	demokratisch gewählte/-r Interessenvertreter/-in
Regeln	Auseinandersetzung, Streit
Klassensprecher/-in	Übereinkunft
Vorurteil	mehr als die Hälfte aller Stimmen
Fraktion	Zusammenschluss verschiedener Parteien
Beratungslehrer/-in	Lehrer/-in des Vertrauens
Kompromiss	mehr Stimmen als die anderen
Konflikt	vorgefasste Meinung
relative Mehrheit	Lerngruppe

M3 Verkehrte Schule

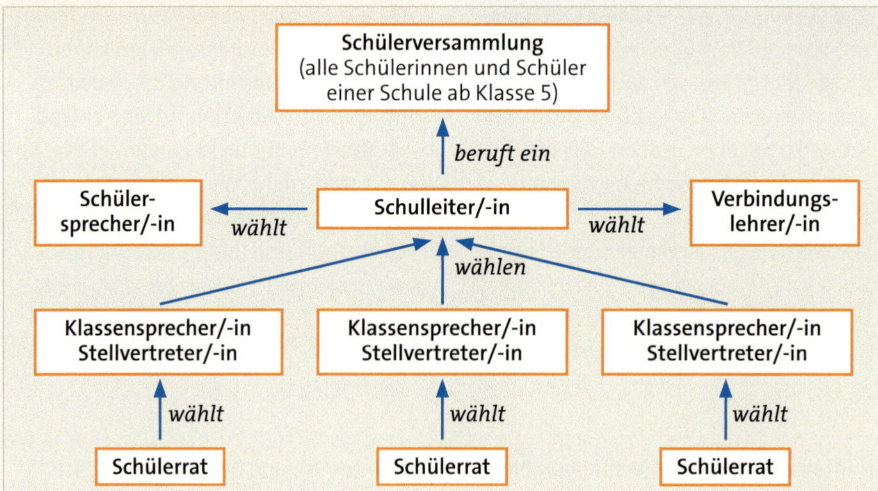

Pressekompass: Eine Uniform für die Schule?

In Deutschland haben sich bereits viele Jugendparlamente und Jugendräte gebildet. In einigen Bundesländern wird das Wahlrecht ab 16 Jahren auf kommunaler Ebene noch diskutiert. Wo ordnest du dich ein?

Den Pressekompass sowie ein Arbeitsblatt findest du unter dem Webcode PE400001-060

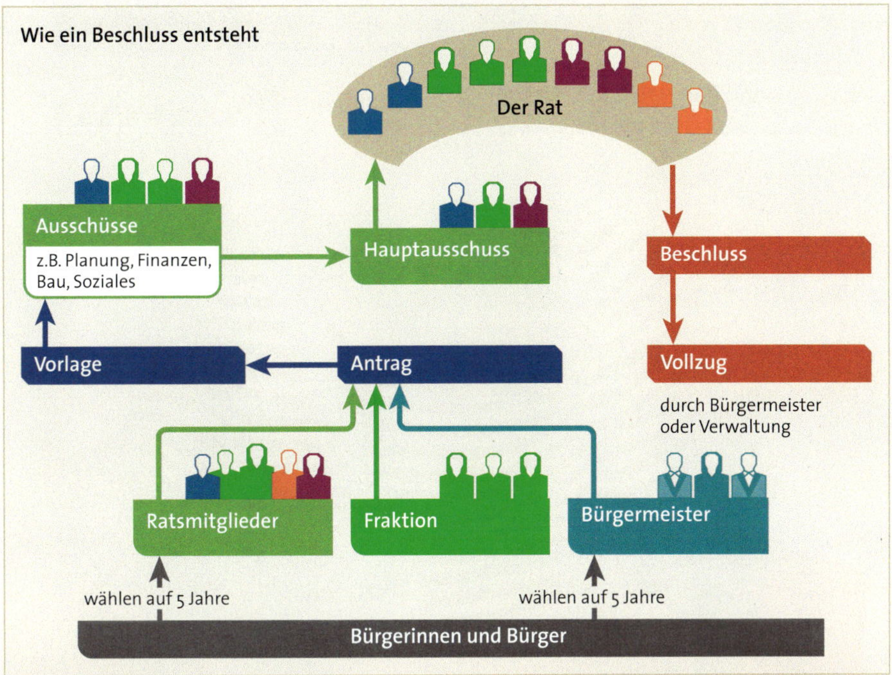

M 4 Die Arbeitsweise des Gemeinderats

M 5 Wählen gehen?

Klara: „Viele, die ich kenne, haben doch mit 16 keine Ahnung von Politik, auch nicht von Gemeindepolitik. Was sollen die denn schon wählen?"
Johann: „Ich gehe mit 16 auf jeden Fall wählen. Ich erkundige mich, wer im Ort was für Jugendliche tun will, und die kriegen dann meine Stimme."

Sarah: „Nur wer wählt, kann mitentscheiden, rummeckern und sich beklagen reicht nicht. Also, ich geh wählen. Ab sofort lese ich mal im Lokalteil der Zeitung, was die Parteien so zu sagen haben. Unsere Sporthalle für den Basketball ist doch schon lange baufällig. Wer tut was dafür?"

Sachkompetenz

1 Erklärt euch gegenseitig die wichtigen Begriffe und notiert ihre Bedeutung (**M 1**).
2 Ordnet die Memorykärtchen richtig einander zu (**M 2**).
3 Das Schaubild **M 3** ist durcheinandergeraten. Übertragt es verbessert in euer Heft. Überprüft mit **M 1** auf S. 18.
4 Erläutert das Schaubild M 4 und erklärt, warum es wichtig ist zu wissen, wie Entscheidungen in der Gemeinde zustande kommen.

Methodenkompetenz

5 Führt ein Streitgespräch zur Frage: „Soll man die Aufnahme von Flüchtlingen in Deutschland begrenzen?"

Urteilskompetenz

6 Beurteilt, ob die Mitwirkungsmöglichkeiten in der Schule aus eurer Sicht ausreichend sind. Nennt Bereiche, wo ihr mehr Mitsprache gut fändet.
7 Erläutert, wie ihr euch an kommunalen Entscheidungen beteiligen könnt und warum es wichtig ist, wählen zu gehen.

KAPITEL 2

Konsumentscheidungen Jugendlicher

Vielleicht ist es euch auch schon mal so gegangen wie den drei Mädchen auf diesem Bild: Am Ende einer Shoppingtour habt ihr das Gefühl, einmal wieder viel zu viel gekauft zu haben. Die Versuchung in den Geschäften war einfach zu groß.

In diesem Kapitel könnt ihr erarbeiten,

- *wie man mit seinen Wünschen angesichts des großen Angebots und der Werbung umgehen kann,*
- *wie unsere Wirtschaft funktioniert und woher das Einkommen kommt und*
- *welche Rechte man als Kundin und Kunde hat.*

Was ihr sonst noch machen könnt ...

- *eure Eltern und ältere Angehörige fragen, wie sie in ihrer Jugend konsumiert haben.*

Unterschiedliche Bedürfnisse

M1 Bedürfnisse in verschiedenen Situationen

Überleben auf einer Insel
Du sollst für ein ganzes Jahr auf einer einsamen Insel im Ozean überleben. Dazu darfst du nur 15 Gegenstände der Liste **M2** mitnehmen.

Sommerurlaub am Mittelmeer
Du fährst in den Sommerferien für drei Wochen in ein Hotel am Mittelmeer. Dazu darfst du nur 15 Gegenstände der Liste **M2** mitnehmen.

Auf Klassenfahrt an der Nordsee
Du fährst auf Klassenfahrt an die Nordsee. Dazu darfst du nur zehn Gegenstände aus der Liste **M2** mitnehmen..

Auf der Flucht aus dem Nahen Osten
Angenommen, du wärest einer der Flüchtlinge: Du darfst nur fünf Gegenstände aus der Liste **M2** mitnehmen.

M2 Auswahlliste

1. Adressbuch	16. Geldbeutel	31. Papiertaschentücher	46. Streichhölzer
2. Armbanduhr	17. Gesichtswasser	32. Playstation	47. Taschenmesser
3. Axt	18. Gummibärchen	33. Pullover	48. Topf
4. Badehose/Badeanzug	19. Handy/ Smartphone	34. Regenjacke	49. T-Shirt
5. Batterien	20. Hosen	35. Reisepass	50. Unterwäsche
6. Block und Bleistift	21. Inlineskates	36. Roman	51. Wasserflasche
7. Büchereiausweis	22. Insektenspray	37. Sandalen	52. Winterjacke
8. Deodorant	23. Kartenspiel	38. Schaufel	53. Zahnbürste
9. Digitalkamera	24. Kompass	39. Schlafsack	54. Zahnpasta
10. Dosenöffner	25. Konservendose	40. Schlauchboot	55. Zeitschrift
11. Erste-Hilfe-Set	26. Laptop	41. Seife	56. Zelt
12. Fernglas	27. Luftmatratze	42. Skateboard	57. Gebetbuch
13. Fußball	28. Luftpumpe	43. Sonnencreme	58. Dollars
14. Gabel und Löffel	29. MP3-Player	44. Sonnenschirm	59. Schwimmweste
15. Gaskocher	30. Musikinstrument	45. Stiefel	60. Euros

Bedürfnisse ohne Grenzen

Jeder Mensch, gleich wann, wie und wo er lebt, hat Bedürfnisse. Bedürfnisse können definiert werden als ein Gefühl des Mangels, das begleitet wird von dem Wunsch, den Mangel zu beseitigen. Doch je nach Situation sind nicht alle Bedürfnisse gleich wichtig:

Existenz- oder Primärbedürfnisse sind lebensnotwendig und müssen befriedigt werden. Zu ihnen zählen z.B. essen, trinken, schlafen oder der Wunsch nach Sicherheit, Nähe und Geborgenheit.

Sekundär- oder Kultur- und Luxusbedürfnisse sind nicht unbedingt lebensnotwendig, verbessern aber die Lebensqualität. Hierzu zählen **materielle Bedürfnisse**, die wir durch den Kauf von Waren und Dienstleistungen befriedigen können (das Auto, die Urlaubsreise, der Schwimmbadbesuch), aber auch **nichtmaterielle Bedürfnisse** wie Liebe, Anerkennung oder Erfolg, die wir nicht oder kaum mit Geld befriedigen können.

Die Bedürfnisse der Menschen sind in ständigem Wandel begriffen. Sie ändern sich z.B. von der Kindheit bis zum hohen Alter. Wichtige Einflussfaktoren sind auch die Lebensverhältnisse (z.B. Einkommen), die unmittelbare soziale Umgebung (z.B. die Familie und die Freunde), die Kultur und die Religion (z.B. für die Ernährung oder die Kleidung). Auch die natürlichen Umweltbedingungen (z.B. das Klima) und die politische Lage eines Landes spielen eine Rolle.

Konkurrenz der Bedürfnisse

Um ihre Bedürfnisse zu befriedigen, wirtschaften die Menschen. Betriebe produzieren Güter, die wir zum Leben benötigen, und Menschen arbeiten, um Geld zu verdienen, mit dem sie Güter und Dienstleistungen erwerben können. Da bei den meisten die finanziellen Mittel nicht ausreichen, um alle Bedürfnisse zu befriedigen, müssen wir uns entscheiden: Was ist dringender, welches Bedürfnis ist gerade wichtiger? Die **Bedürfnisse** stehen in **Konkurrenz** zueinander.

Vom Bedürfnis zur Nachfrage

Aus einem Bedürfnis (z.B. Durst) entsteht erst ein Bedarf, wenn sich die Wünsche auf ganz bestimmte Produkte beziehen (z.B. Mineralwasser). Ein **Bedarf** kann definiert werden als die finanziell gesicherte Möglichkeit, ein Gut zu kaufen. Erst wenn Sachgüter oder Dienstleistungen tatsächlich gekauft werden, handelt es sich um eine **Nachfrage**. Unternehmen versuchen die Nachfrage, also die Entscheidung, welches Bedürfnis die Verbraucher wann und wodurch befriedigen, z.B. durch Werbung zu beeinflussen.

* **Materielle Bedürfnisse**
beziehen sich auf greifbare Gegenstände wie ein Smartphone oder eine Süßigkeit.

* **Nichtmaterielle Bedürfnisse**
beziehen sich auf nicht greifbare Dinge wie Freude oder Anerkennung.

M3 Tabellen

Gegenstände	Gegenstände
1.	1. ....
2.	2. ....
3.	3. ....
4.	4. ....

1 Erstellt eine Tabelle (siehe **M3**) in eurem Arbeitsheft und füllt sie in Partnerarbeit für die vier Beispiele aus.

2 Vergleicht eure Auswahl für die vier Beispiele: Markiert, was jeweils ein lebensnotwendiges Bedürfnis ist und was jeweils als ein Luxusbedürfnis angesehen werden kann.

3 Erläutert, warum sich die Listen unterscheiden.

4 „Eine Jacke kann sowohl Existenzbedürfnis als auch Luxusbedürfnis sein." Erklärt diese Aussage. Findet weitere Beispiele.

5 Erläutert, warum Bedürfnisse sich ständig verändern.

Warum muss der Mensch wirtschaften?

M1 Das Schlaraffenland

M2 Ökonomisches Prinzip

Minimalprinzip
Ein bestimmtes Ziel oder Ergebnis mit einem möglichst geringen Einsatz an Mitteln (Geld, Zeit, ...) erreichen.

Maximalprinzip
Mit den gegebenen begrenzten Mitteln (Geld, Zeit, ...) einen größtmöglichen Erfolg erzielen.

M3 Saubere Luft – ein freies Gut?

Unterschiedliche Güter

Das Schlaraffenland ist eine Vorstellung von einem Land, in dem alles im Überfluss vorhanden ist, vor allem das Essen. In den Flüssen läuft Milch und Honig statt Wasser. Auf den Bäumen wachsen frischgebackene Brötchen. Alle Tiere hüpfen und fliegen bereits gebraten und mundfertig durch die Luft. Statt Steinen liegt Käse herum. ...

Anders als im Schlaraffenland stehen uns die Güter, die wir zum Leben brauchen, meist nur begrenzt zur Verfügung. Alle Mittel, die der Befriedigung menschlicher Bedürfnisse dienen können, werden als Güter bezeichnet.

Leider gibt es nur wenige Güter, die im Überfluss vorhanden sind, also frei verfügbar sind. Zu diesen **freien Gütern** zählen Wind, Sonnenlicht oder Meerwasser. Weil sie scheinbar unbegrenzt vorhanden sind, kosten sie kein Geld.

Im Gegensatz zu den freien Gütern sind alle anderen Güter knapp und müssen erarbeitet werden. Diese knappen Güter werden deshalb auch als **wirtschaftliche Güter** bezeichnet. Weil ihre Herstellung Kosten verursacht, haben sie einen Preis. Wir unterscheiden bei den wirtschaftlichen Gütern zwischen Sachgütern und Dienstleistungen. **Dienstleistungen** sind eine besondere Art von Gütern, bei denen eine Leistung erbracht wird: Im Haarsalon schneidet uns eine Frisörin oder ein Frisör die Haare, im Geschäft oder einer Bank werden wir bedient und beraten, beim Arzt erhalten wir medizinische Behandlung, der Pflegedienst versorgt die altersschwache Großmutter, Reinigungskräfte putzen die Schule.

Sachgüter sind dagegen, wie der Name schon zeigt, körperliche (materielle) Sachen, also Gegenstände. Sie können in Güter zum unmittelbaren Verbrauch (Konsumgüter) und in Güter, die zur Produktion weiterer Güter dienen (Produktionsgüter), unterschieden werden.

Sowohl **Konsumgüter** als auch **Produktionsgüter** werden wiederum in Gebrauchsgüter und Verbrauchsgüter unterschieden. **Gebrauchsgüter** sind über einen längeren Zeitraum in Gebrauch, **Verbrauchsgüter** dienen dagegen einer einmaligen Nutzung, sie werden verbraucht.

Wirtschaften heißt entscheiden

Um ihre Bedürfnisse zu befriedigen, wirtschaften die Menschen. Wir können jedoch nicht alles, was wir haben wollen, selbst herstellen. Heute produzieren Betriebe die meisten Güter, die wir zum Leben benötigen. Wir sind darauf angewiesen, Sachgüter und Dienstleistungen von anderen zu erwerben, und müssen dafür in der Regel Geld bezahlen. Da bei den meisten die finanziellen Mittel nicht ausreichen, um alle Bedürfnisse zu befriedigen, müssen wir uns entscheiden: Welcher Wunsch ist momentan dringender, welches Bedürfnis ist gerade wichtiger?

Das ökonomische Prinzip

Das Missverhältnis zwischen unbegrenzten Bedürfnissen, knappen Gütern und begrenzten Geldmitteln zwingt die Menschen zum Haushalten. Die **Bedürfnisse** stehen also in Konkurrenz zueinander. Handelt der Mensch wirtschaftlich vernünftig, dann richtet er sich nach dem Prinzip der Wirtschaftlichkeit, das auch **ökonomisches Prinzip** genannt wird. Dieses Prinzip wird sowohl von Verbrauchern als auch von Unternehmern angewandt. Es existiert in zwei Formen: **Minimal-** und **Maximalprinzip** (siehe **M 2**).
Unternehmen versuchen die Entscheidungen der Konsumenten beispielsweise durch Werbung zu beeinflussen, um ihre Produkte und Dienstleistungen besser zu verkaufen.

Die Umwelt – ein knappes Gut

Lange Zeit gingen die Menschen mit der Natur verschwenderisch um. Das freie Gut Luft wurde z.B. durch Abgase stark verschmutzt, sodass saubere Luft knapp wurde. Vielen Gewässern erging es nicht besser. Durch Gesetze und Regelungen werden die Verbraucher und Betriebe heute dazu angehalten, die Umwelt geringer zu belasten. Weiterhin müssen Unternehmen z.B. für Luftverschmutzung bezahlen und sparen deshalb Geld, wenn sie weniger Schadstoffe in die Umwelt ausstoßen.

Mehr zum Thema
Film: Emissionshandel einfach erklärt

Webcode PE400001-067

M 4 Werbeanzeigen

1 Beschreibt den Unterschied zwischen dem Leben im Schlaraffenland und in unserer Gesellschaft.

2 Erläutert euch gegenseitig den Unterschied zwischen Sachgütern und Dienstleistungen und zwischen Konsumgütern und Produktionsgütern. Schreibt Beispiele in eine Liste.

3 Minimal- oder Maximalprinzip? Diskutiert. (**M 2**)
- a Die Klasse 8b will auf dem Schulfest Pizza verkaufen, um die Klassenkasse aufzubessern. Dabei achten die Schüler auf eine möglichst kostengünstige Wahl der Zutaten.
- b Die Klasse 8 a plant eine Klassenfahrt. Pro Schüler stehen 130 Euro zur Verfügung. Mit diesem Geld möchte sie eine schöne Unterkunft und möglichst viele Ausflüge durchführen.
- c Ihr wollt mit zehn Euro ein möglichst ansprechendes Geschenk für einen Schulfreund kaufen.

Findet weitere Beispiele für das ökonomische Prinzip.

4 Prüft, ob man auf den Umgang mit der Umwelt auch das ökonomische Prinzip anwenden kann oder darf.

M1 Auf dem Markt, *Foto*

Der Tauschhandel

Seit die Menschen sesshaft wurden, begannen sie die Produkte ihrer Arbeit zu tauschen. Die Nomaden tauschten Felle gegen Weizen, die Handwerker Werkzeug gegen Lebensmittel, die Holzfäller Baumstämme gegen Werkzeug. Durch den Schiffs- und Straßenbau erweiterten sich die Handelswege. Seit etwa 3500 v. Chr. gab es einen Fernhandel von Ägypten aus. Auch Kreta, phönizische und griechische Städte entwickelten einen Fernhandel. Die Handelswege reichten bis nach China und Indien. Gehandelt wurden Seide, Gewürze, Edelsteine, Bernstein, Weihrauch, Wein, Öl und Keramik, also haltbare Güter. Die Grenzen zwischen Handel, Raub und Tribut waren oft fließend. Es war schwierig, beim Tausch einzuschätzen, was die Güter wirklich wert waren.

Die Erfindung des Geldes

Durch Geld wurden die Waren leichter vergleichbar. Die ältesten Münzen aus dem Irak sind ungefähr 5000 Jahre alt. Vor allem die Fernhändler brauchten Geld. Wenn ein ägyptischer Schiffsbauer im Libanon Holz kaufen wollte, musste er mit Geld bezahlen. Woher aber wusste der Holzverkäufer, ob das ägyptische Geld so viel wert war wie sein Holz? Die Münzen waren aus Gold (später aus Silber oder einer Mischung aus beidem). Man wog die Münzen und ging davon aus, dass ein bestimmtes Goldgewicht dem Wert des Holzes entsprach. Der Wert des Geldes hing von seinem Metallgewicht ab.

Diese Abhängigkeit des **Geldwerts** vom **Metallgewicht** brachte viele Probleme. Man konnte die Münzen fälschen, indem man das Gold z. B. mit Kupfer mischte. Es gab bis ins 19. Jahrhundert keine einheitlichen Maße und jeder Staat machte seine eigenen Münzen. Das Wiegen und die Umrechnung in das Goldgewicht waren sehr schwierig. Die Kaufleute waren Spezialisten der Umrechnung und im Erkennen von Fälschungen.

Papiergeld

Ende des 17. Jahrhunderts gaben die Banken **Geldscheine** aus, die bis 1944 in Gold

umtauschbar waren. Der **Wert des Geldscheins** aus Papier entsprach einer bestimmten **Menge Gold**, das bei den Banken lagerte.
Die Pflicht der Banken und der Staaten, Papiergeld gegen Gold einzutauschen, wurde 1972 aufgehoben. Seither muss jede Zentralbank* eines Landes darauf achten, dass der Wert der Geldscheine stabil bleibt. Der Wert eines Geldscheins, z.B. eines 10-Euro-Scheins, entspricht heute dem Wert der Waren, die man mit ihm kaufen kann.
Insbesondere der Wechselkurs* zum Geld (Währungen) anderer Länder soll nicht allzu sehr schwanken. Wer zum Beispiel von den USA Öl kaufen oder dorthin eine Reise machen will, muss vorher US-Dollar erwerben. Geld wird gehandelt, wie alle anderen Waren, sein Preis wird täglich neu festgelegt.

* **Wechselkurs**
Umrechnung des Wertes einer Währung in eine andere, z.B. € in $

* **Zentralbank**
Staatliche Bank eines Landes, die die Währung eines Landes ausgestaltet und kontrolliert, in der Europäischen Union ist das die Europäische Zentralbank mit Sitz in Frankfurt.

M 2 Die Aufgaben des Geldes

Mit Geld kann man alles kaufen, Lebensmittel, Autos, Reisen, Schulbücher und Dienstleistungen. Jeder muss Geld zum Tausch gegen eine Ware oder Dienstleistung annehmen. Dazu verpflichtet jeder Staat seine Bürgerinnen und Bürger. Die erste Aufgabe des Geldes ist es, allgemein gültiges Tauschmittel zu sein.
Geld kann man auch sparen, zum Beispiel um später ein Möbelstück oder ein Auto zu kaufen oder um es armen Menschen zu spenden. Die Banken bewahren das Geld auf einem Konto auf und zahlen dafür eine kleine Prämie (Zinsen), zum Beispiel 15 € jährlich für 1000 € aufbewahrtes Geld. Sie verpflichten sich, das Geld jederzeit zurückzuzahlen. Die zweite Aufgabe des Geldes ist es, Wertaufbewahrungsmittel zu sein.

Geld vermehrt sich

Geld kann man auch leihen – entweder von Bekannten oder von der Bank. Für das Leihen muss man Gebühren (Zinsen) bezahlen, zum Beispiel 50 € jährlich für 1000 € geliehenes Geld. Wenn man der Bank Geld zum Aufbewahren überlässt, zum Beispiel 1000 € für ein Jahr, erhält man aber nur 15 € Zinsen.
Der Unterschied zwischen den Zinsen von aufbewahrtem und verliehenem Geld, in unserem Beispiel 35 € jährlich für 1000 €, gehört der Bank. So vermehrt sich das Geld der Bank, weil, wer Geld leiht, diese 35 € bezahlen muss.

M 3 Bargeld ist heute nur noch ein Zahlungsmittel neben anderen

1 Diskutiert mit eurer Mitschülerin oder eurem Mitschüler, wann er oder sie einen Kugelschreiber gegen Gummibärchen tauschen würde.
2 Erklärt, warum Geld erfunden wurde.
3 Entwerft eine Mindmap zu den Aufgaben des Geldes (**M 2**).
4 Erklärt, was passiert, wenn eine der beiden Aufgaben des Geldes nicht mehr funktioniert.
5 Erläutert, woran ihr erkennen könnt, dass unser Geld weniger oder mehr wert geworden ist.
6 Erörtert, warum sich das Geld einer Bank vermehrt. Warum kann ein Geldleiher die Zinsen bezahlen?

Woher kommt und wohin geht das Einkommen?

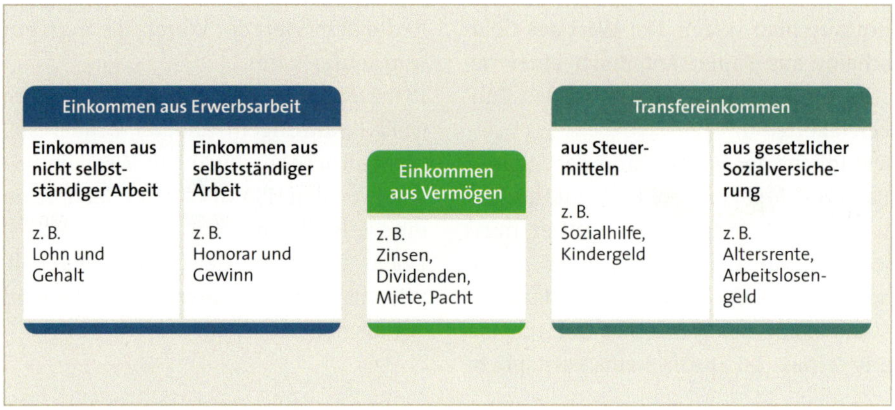

M1 Einkommensarten

Einkommen aus selbstständiger Arbeit

Dr. Müller hat eine Praxis für Allgemeinmedizin in der nahen Kreisstadt. Er ist selbstständig und deswegen bezieht er sein Einkommen aus selbstständiger Arbeit. Sein Einkommen umfasst die Zahlungen der Privatpatienten und die Zahlungen der Krankenkassen für seine geleistete Arbeit. Da er in seinem Wohnhaus eine Wohnung vermietet hat, hat er durch die Mietzahlungen Einkommen aus Vermögen. Auch die Zinsen seines Sparguthabens gehören zum Einkommen aus Vermögen. Auf sein Einkommen muss der Arzt Steuern zahlen, weiterhin muss er sich selbst gegen Krankheit versichern und sollte Beiträge für seine spätere Rente zahlen.

Einkommen aus nicht selbstständiger Arbeit

Sein Sohn Franz arbeitet als Angestellter in einer Apotheke und bekommt für seine Arbeit Lohn. Sein Lohn ist Einkommen aus nicht selbstständiger Arbeit. Sein Arbeitgeber zieht vom Lohn bereits vor der Auszahlung die Steuern und die Sozialabgaben wie Beiträge zur Krankenversicherung, zur Rentenversicherung, zur Arbeitslosenversicherung und zur Pflegeversicherung ab. Die Abgaben machen etwa 40 % des Bruttolohnes aus. Die monatliche Auszahlung ist also der Nettolohn.

Transfereinkommen

Da der Sohn des Arztes selbst ein Kind hat, bekommen er und seine Frau für das Kind Kindergeld und zeitweise Elterngeld. Diese Zahlungen zahlt der Staat aus Steuermitteln, deswegen nennt man sie Transfereinkommen (weitergeleitetes Einkommen).

Die staatliche Altersrente und das Arbeitslosengeld im Falle von Arbeitslosigkeit sind ebenfalls Transfereinkommen. Sie werden aus den Beiträgen der Arbeitnehmer und staatlichen Zuschüssen aus Steuermitteln geleistet. Wer länger als ein Jahr arbeitslos ist, erhält nur noch die Zahlungen des Arbeitslosengeldes II, Hartz IV, genannt. Auch die Sozialhilfe, die von den Gemeinden an mittellose Menschen gezahlt wird, gehört zum Transfereinkommen.

Konsumausgaben

Alle Ausgaben der privaten Haushalte nennt man Konsumausgaben. Darunter fallen die Kosten für Kleider und Schuhe, die Ausgaben für ein Auto, für Fahrkarten, die Ausgaben für Lebensmittel und Bücher und auch die Ausgaben für Versicherungen. Auch das Sparen für einen Urlaub ist eine Konsumausgabe.

Der einfache Wirtschaftskreislauf

Die komplizierten Verhältnisse im Wirtschaftsleben kann man sich mithilfe eines einfachen Modells veranschaulichen.

* **Vermögenseinkommen**
Zum Vermögen zählen Grundstücke, Häuser, Unternehmen und Anteile an Unternehmen (Aktien). Eigentümer eines Hauses können Miete erhalten, Inhaber von Sparkonten Zinsen. Wer Aktien besitzt, kann eine Dividende erhalten.

* **Bruttolohn**
Gesamtbetrag des Lohns ohne Abzüge

* **Nettolohn**
Auszahlungsbetrag nach Abzug aller Abgaben wie Steuern

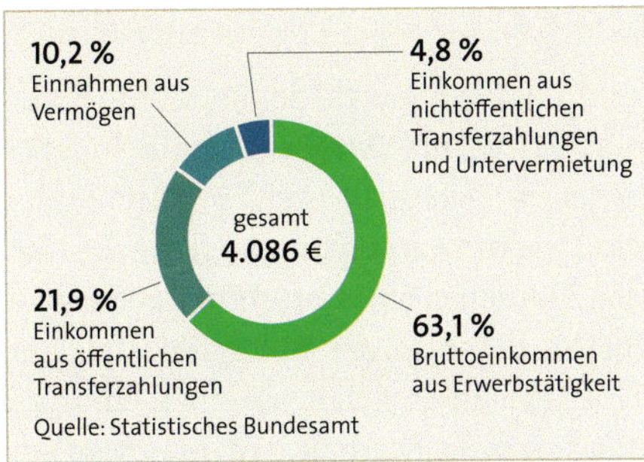

M2 Struktur des Bruttoeinkommens privater Haushalte 2013 in Prozent

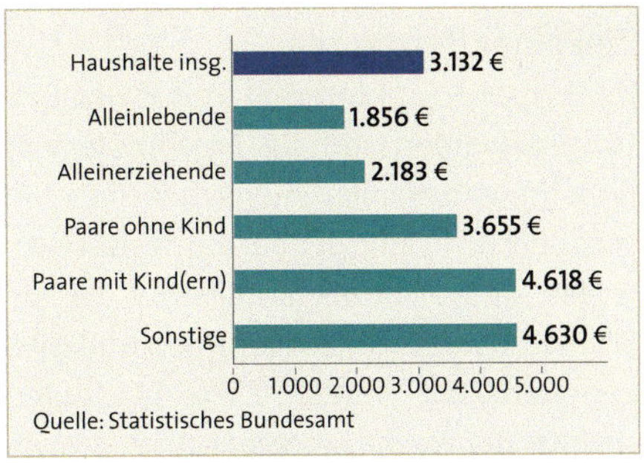

M4 Durchschnittliches monatliches Nettoeinkommen privater Haushalte nach Haushaltstyp 2013 in Euro

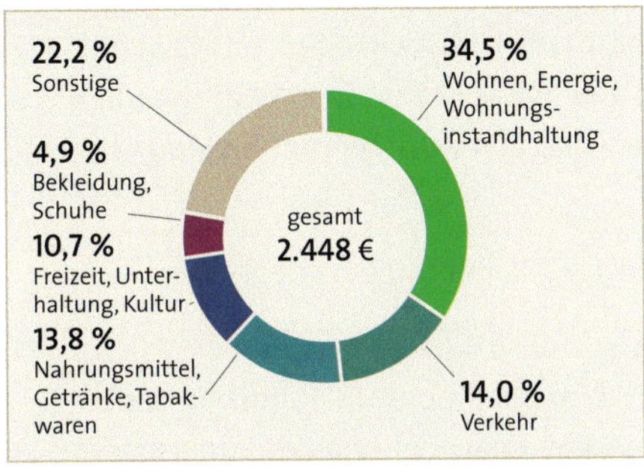

M3 Struktur der durchschnittlichen Konsumausgaben privater Haushalte 2013 in Prozent

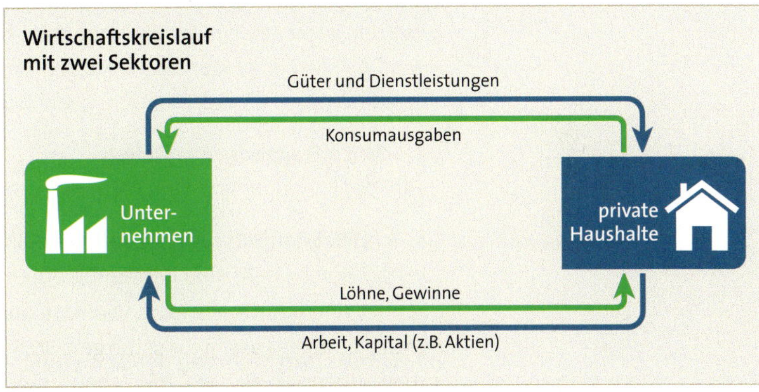

M5 Einfacher Wirtschaftskreislauf

Dabei werden alle wirtschaftlichen Aktivitäten auf zwei Faktoren, auf die Unternehmen und die privaten Haushalte, reduziert.
Die privaten Haushalte geben den Unternehmen ihre Arbeitskraft, ihr Kapital und den Boden und erhalten aus den Unternehmen ihr Einkommen, mit dem sie bei den Unternehmen Güter und Dienstleistungen als Konsumausgaben erwerben. Es gibt zwei Kreisläufe: den Geldkreislauf und den Güterkreislauf. Das Modell unterstellt, dass die privaten Haushalte ihr Einkommen vollständig für Güter und dass die Unternehmen ihren Gewinn vollständig für Einkommenszahlungen ausgeben. Dieses einfache Kreislaufmodell berücksichtigt nicht, dass die Produzenten und Konsumenten in der Regel nicht in direkten Kontakt treten, sondern auf Märkten. Nur in einem erweiterten Modell können die Aktivitäten des Staates, der Banken und des Auslandes im Wirtschaftsleben dargestellt werden.

1 Erläutert mithilfe von **M1** und **M2** die verschiedenen Einkommensarten privater Haushalte und ihren Umfang.

2 Erörtert, was es bedeutet, dass 21,9 % des Bruttoeinkommens privater Haushalte aus Transferleistungen bestehen.

3 Charakterisiert die Konsumausgaben privater Haushalte. Auf welche könnten private Haushalte in einer Notlage verzichten?

4 Interpretiert mithilfe des Textes und **M5** den einfachen Wirtschaftskreislauf.

5 Entwerft anhand eines Beispiels aus dem täglichen Leben ein eigenes Kreislaufmodell.

Wir führen eine Befragung durch

Ziel einer Befragung

Im Fernsehen, im Internet und in den Zeitungen werden ständig Ergebnisse von Befragungen zu allen möglichen Themen veröffentlicht. Eine der bekanntesten Umfragen ist die Sonntagsfrage, mit der die Wahlabsichten von Bürgerinnen und Bürgern ermittelt werden. Diese Umfragen sind in der Regel repräsentative Umfragen, d.h., die Auswahl der Befragten bildet eine bestimmte Gruppe (z. B. alle Jugendlichen zwischen 14 und 18 Jahren) oder die Gesamtbevölkerung ab. Eure Umfragen können nicht repräsentativ sein, dafür ist die Zahl der Befragten zu klein. Trotzdem ermöglichen sie einen Eindruck von einem Sachverhalt, den ihr erfragt.

M 1 Checkliste für eine Umfrage

1. Schritt: Festlegung der Fragen/Inhalte und des Kreises der Befragten
Was soll erfragt werden? Erfolgt eine mündliche oder eine schriftliche Befragung? Werden geschlossene Fragen (mit begrenzten Antwortmöglichkeiten, z. B. ja, nein, weiß nicht…) und/oder offene Fragen (Antworten können „frei" formuliert werden) gestellt? Wer (wie viele Personen) soll wann wo und von wem befragt werden?

2. Schritt: Fragebogen erstellen
Zahl der Fragen begrenzen, Formulierungen testen, Reihenfolge festlegen.

3. Schritt: Erlaubnis für die Umfrage einholen
Je nachdem, wo ihr eine Befragung durchführt, braucht ihr eine Erlaubnis: in der Schule von der Schulleitung, in einem Supermarkt von der Leitung des Supermarktes.

4. Schritt: Durchführung der Befragung
Die Teilnehmer werden über die Absicht der Befragung (Wozu führen wir diese Befragung durch?) und die Auswertung aufgeklärt (Was machen wir mit den Ergebnissen der Befragung?). Die Befragung erfolgt (für eine angenehme Befragungssituation sorgen).

5. Schritt: Auswertung der Befragung
Nach Durchführung aller Befragungen werden zunächst die Einzelergebnisse (Teilfragen) ausgewertet. Sollen sie statistisch ausgewertet werden (Prozentwerte)? Werden die Ergebnisse grafisch umgesetzt (Diagramme)?

6. Schritt: Präsentation der Ergebnisse
Die Ergebnisse der Befragung(en) werden vorgestellt. Dafür müssen zusammenfassende Tabellen und Diagramme erstellt werden.
Sollen nur Zahlen übermittelt oder auch Eindrücke von der Befragung (Wie haben die Befragten reagiert? Wo gab es Schwierigkeiten? Was war [zunächst] unklar?…) wiedergegeben werden?

Beispiel für eine Befragung an eurer Schule zum Thema Taschengeld

Der Fragebogen

Im ersten Teil werden die Einnahmequellen erfragt: Höhe des monatlichen Taschengeldes; sonstige Geldeinnahmen (z.B. Geschenke, Einnahmen aus Jobs).

Der zweite Teil des Fragebogens betrifft die Verteilung der Ausgaben. Hier ist es zweckmäßig, Rubriken zu bilden (z.B. Essen, Getränke, Handy – siehe M2), da man sonst zu viele Einzelangaben erhält. Außerdem sollte der Fragebogen Angaben zum Alter bzw. zur Klasse und zum Geschlecht enthalten, um eventuelle Unterschiede zwischen Jungen und Mädchen ermitteln zu können.

Die Auswertung

Die Auswertung erfolgt am besten in Tabellen. Die Höhe der Einnahmen kann aber auch in Gruppen zusammengefasst werden: z.B. mehr als 30 Euro im Monat; 45–50 Euro; 40–45 Euro. Die Angaben können in absoluten Zahlen gemacht werden, aussagekräftiger sind sie aber, wenn die Werte in Prozent umgerechnet werden.

Einnahmen (Monat)	Euro
Taschengeld	
Geschenke	
Jobben	
Sonstiges	
Insgesamt	

Ausgaben (Monat)	Euro
Essen	
Getränke	
Handy	
Musik	
Zeitschriften	
Kosmetik	
Sonstiges	
Insgesamt	

M2 Ein Interview führen

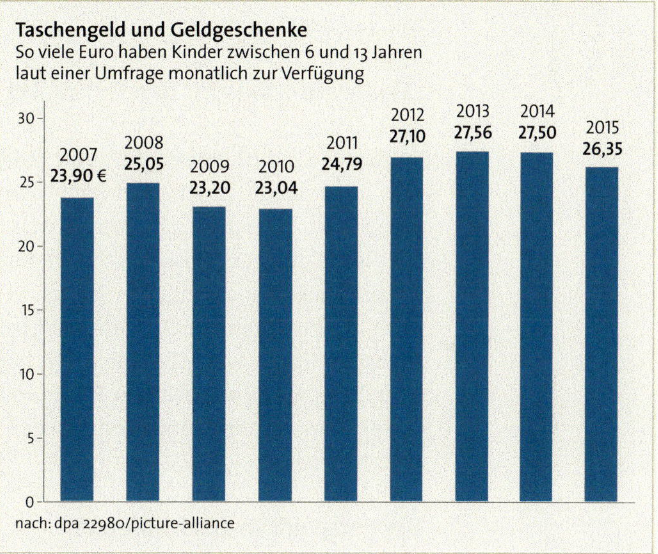

M3 Monatliches Einkommen

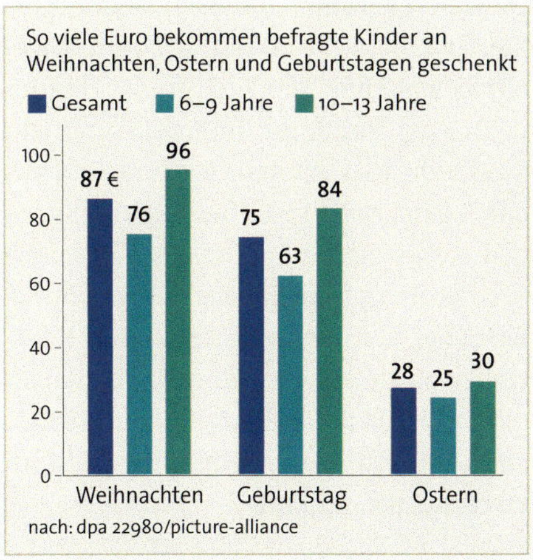

M4 Geldgeschenke

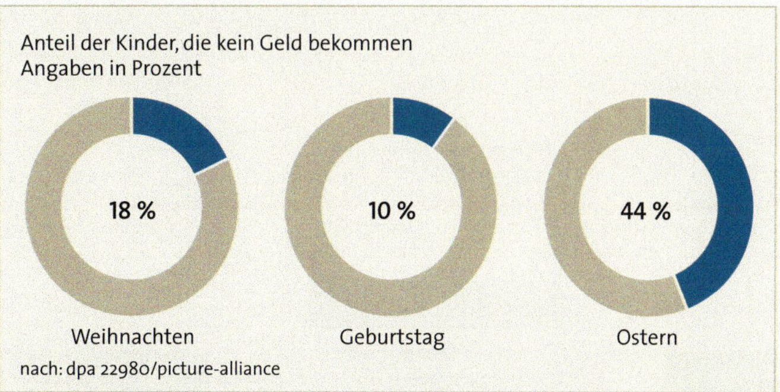

M5 Anteil der Kinder ohne Geldgeschenke

1 Führt mithilfe der Checkliste eine Befragung zum Thema Taschengeld in eurer Schule durch. Beschränkt euch dabei z. B. auf alle 8. oder alle 9. Klassen.

2 Vergleicht eure Ergebnisse mit M3 bis M5 und versucht mögliche Unterschiede zu erklären.

M1 Auf dem Flohmarkt

„Das wäre etwas für den Flohmarkt ..."

Endlich die Zimmereinrichtung, die man sich schon länger gewünscht hat – aber wohin mit all dem Kinderkram? Manches ist alt und verschlissen und wandert in den Müll, aber es finden sich auch Sachen, die für andere noch einen Wert besitzen könnten, wie z.B. Spiele, Bücher oder CDs. Ob das was für den Flohmarkt wäre? Man könnte damit sein Taschengeld aufbessern.

Die Perspektive des Anbieters

Auf dem Flohmarkt werden Waren verkauft, die man nicht mehr braucht, die also für den Verkäufer keinen Wert mehr haben. Dennoch möchte er sich durch den Verkauf etwas Extrageld verdienen und könnte folgende Überlegungen anstellen:

- Will ich schnell und um jeden Preis verkaufen?
- Lege ich eine Preisuntergrenze fest?
- Lasse ich mir beim Verkauf Zeit und warte verschiedene Angebote ab?

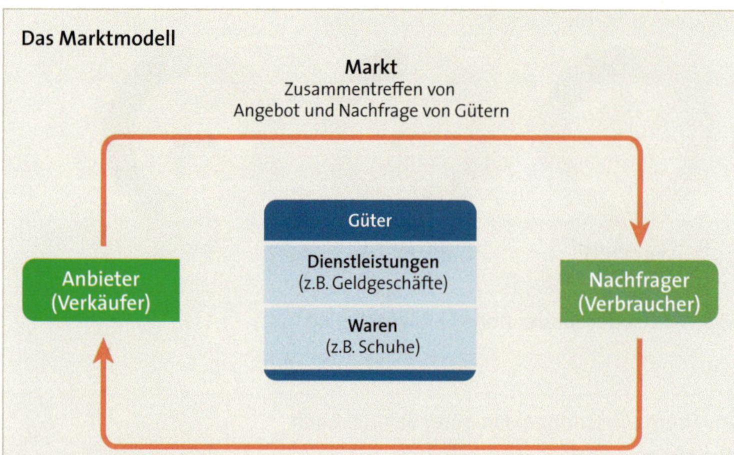

M2 Das Marktmodell

Die Perspektive des Käufers

Mögliche Käufer besuchen aus unterschiedlichen Motiven einen Flohmarkt. Die einen kommen ohne ein bestimmtes Kaufinteresse. Sie lassen sich vom Angebot ansprechen, plötzlich findet irgendein Gegenstand ihr Interesse und ein Kaufbedürfnis entsteht. Andere sind auf der Suche nach ganz besonders günstigen Angeboten, ohne dass sie spezielle Produkte im Auge haben. Wieder andere Besucher kommen mit konkreten Kaufzielen, da sie ein spezielles Hobby haben oder sich als Sammler betätigen. Für sie steht die Ware im Vordergrund, erst in zweiter Linie der Preis.

Die Preisbildung

Auf einem Flohmarkt haben beide Seiten die Möglichkeit, vor ihrem Handel auf dem Markt Angebote und Preise zu vergleichen. Diese Beobachtungen beeinflussen ihre Ausgangsposition und ihre

Verhandlungsstrategie. Das, was eine Ware einmal gekostet hat, spielt auf dem Flohmarkt keine Rolle mehr. Die Preise werden frei festgesetzt bzw. ausgehandelt. Dabei orientieren sich Verkäufer und Käufer an ihren persönlichen Preisvorstellungen.

Kaufen beim Erzeuger

Der Wochenmarkt ist einer der seltenen Orte, wo sich heute noch die Erzeuger von Waren und ihre Verbraucher unmittelbar begegnen. Anbieter und Nachfrager sind gleichzeitig auch Produzent und Konsument.

Preisbildung

Im Vergleich zum Flohmarkt entstehen den Händlern auf Wochenmärkten ganz andere Kosten. Sie produzieren ihre Waren, z.B. Salat, Gemüse und Obst. Dafür benötigen sie **Produktionsfaktoren** wie Land, Pflanzen, Dünger und Arbeitskräfte. Es ist selbstverständlich, dass die Herstellungskosten der Waren wieder hereingeholt werden müssen. Der Erzeuger kalkuliert seine Preise anhand von Durchschnittswerten. Er überschlägt die Gesamtkosten, die ihm bei der Produktion entstehen, und verteilt sie auf seine Produktionsmenge. Daraus ergibt sich ein **Herstellerpreis**. Diesen Preis muss er mindestens erzielen, um seine Kosten zu decken. Er will aber einen Überschuss, einen Gewinn erzielen. Diese Unterscheidung ist für einen Bauern ganz wichtig: Gehälter für Angestellte oder Aushilfen zählen zu den Kosten. Der eigene Lebensunterhalt und der der Familie werden vom Gewinn bestritten. Dazu gehören auch die Altersversorgung und Rücklagen für Notfälle. Wie viel der Erzeuger auf den Herstellerpreis aufschlagen kann, also die Höhe des **Verkaufspreises**, richtet sich auch nach der Konkurrenzsituation.

Der Käufer auf dem Markt sichtet die Angebote, die alle mit Preisen versehen sein müssen. Er kann Qualitäts- und Preisvergleiche anstellen und trifft dann seine Entscheidung. Bei einem großen Angebot und wenig Nachfrage wird er günstiger einkaufen können als bei kleinem Angebot. Auf dem Wochenmarkt sind deshalb in der kalten Jahreszeit die Preise für Obst, Salat und Gemüse höher als im Sommer.

M3 Kosten des Verkäufers

– Gehalt für Angestellte

– Lebensunterhalt

....

....

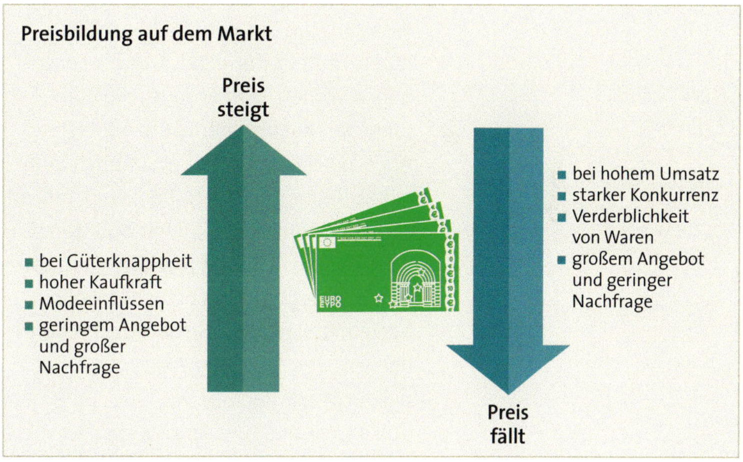

M4 Preisbildung auf dem Markt

1 Angebot trifft Nachfrage – und umgekehrt. Erklärt diese Aussage am Beispiel des Flohmarkts.

2 Wertet **M2** aus. Erklärt das Marktmodell am Beispiel des Wochenmarktes.

3 Erläutert, welche Vorteile die Direktvermarktung auf dem Wochenmarkt für die Bauern bringt. Was schätzen die Kunden besonders an diesen Märkten? (Text)

4 Vervollständigt die Liste der Kosten, die ein Verkäufer auf dem Markt wieder hereinholen muss. (**M3**)

5 Erörtert, welche Risiken sich aus den Besonderheiten des Wochenmarktes für die Anbieter ergeben.

6 Vergleicht das Beispiel des Wochenmarkthändlers mit einem Ladengeschäft. Nennt Unterschiede und Gemeinsamkeiten.

Wettbewerb und Preisbildung

M1 Sonderangebot im Textilgeschäft

M2 Der Wettbewerb

Der Journalist Winand von Petersdorff schreibt in seinem Buch „Das Geld reicht nie“:

... Wir haben gelernt, dass ein Händler die Wünsche der Kunden beachten muss. Er stellt ins Regal, was die Leute haben wollen. Und er muss die Zahlungsbereitschaft der Leute austesten. Aber der Unternehmer muss auch andere Kaufleute im Blick haben, wenn er mit seinem Laden und seinen Produkten überleben will. Er hat im Kampf um unser Geld Gegner. Diese Gegner wollen auch an unser Geld. Sie locken die Kunden mit dem gleichen Produkt, das sie billiger verkaufen.

Stellen wir uns fünf Jeansverkäufer vor. Jeder für sich verkauft jede Woche zuverlässig 100 Jeans für 50 Euro die Hose. Einer der Jeansverkäufer will mehr Kunden gewinnen. Er verkauft die Hosen für 40 Euro. Dann macht er weniger Gewinn pro Hose. Aber das ist ihm erst einmal egal. Wie reagieren die Kunden? Wenn es nur eine Sorte Jeans gibt, wechseln sie zum Billigladen. Wie reagiert die Konkurrenz? Wenn sie bei ihrem Preis bleibt, bleibt sie auf den Hosen sitzen. Deshalb muss die Konkurrenz auch runter mit den Preisen. Wir begegnen einem der wichtigsten Mechanismen in der Wirtschaft überhaupt: dem Wettbewerb. Viele Anbieter sorgen für ein großes Angebot und kämpfen gegeneinander um den Kunden. Der Kunde hat deshalb eine Auswahl. Die Preise bleiben niedrig, weil egoistische Kaufleute miteinander wetteifern. ... Je mehr Gegner oder Konkurrenten ein Kaufmann hat, desto weniger Spielraum hat er, die Preise zu erhöhen. Immer, wenn er zu teuer wird, wechseln die Kunden den Laden (vorausgesetzt, es ist nicht zu unbequem für sie). Also lässt er den Preis lieber niedrig. Und wie weit geht er runter? Untertreiben kann er es auch nicht: Jeder Geschäftsmann und jede Geschäftsfrau haben schließlich selbst Ausgaben: Die Jeanshosen werden beim Großhändler eingekauft, die Miete für das Ladengeschäft muss bezahlt werden, die Angestellten bekommen Lohn. Und die Chefs selbst müssen auch noch vom Geschäft leben. Und dann gibt es da noch das Risiko, dass man auf der Ware sitzenbleibt.

Auf Dauer muss der Jeans-Kaufmann mehr Geld verdienen, als er ausgibt. Sonst kann er seinen Laden schließen. Deswegen kann er die Hosen nicht zu billig machen, sondern gerade so, dass er noch einen Gewinn behält. ...

Die Phasen des Marktprozesses sehen so aus: Ein Unternehmen bietet ein teures Produkt an. Es findet viele Käufer. Das erkennen andere Unternehmer und bieten das gleiche Produkt an, nur billiger, damit die Kunden zu ihnen wechseln. Solange sich mit dem Produkt dabei noch Gewinn machen lässt, drängen Unternehmer auf den Markt. Sie sorgen dafür, dass das Angebot steigt und der Preis sinkt. Oder aber sie verändern das Produkt so, dass der Kunde dafür weiterhin mehr zu zahlen bereit ist. ...

Winand von Petersdorff: Das Geld reicht nie. Frankfurt a.M. 2013, F.A.Z.-Institut für Management-, Markt- und Medieninformationen GmbH, S. 26ff.

M3 Der Gleichgewichtspreis

... Unter den idealen Bedingungen der vollständigen Konkurrenz* ist die Preisbildung das Ergebnis des Zusammentreffens von Angebot und Nachfrage, bei dem sich der Gleichgewichtspreis und die Gleichgewichtsmenge bilden. Die Beziehungen zwischen Marktpreis, Angebots- und Nachfragemenge können dem folgenden Beispiel entnommen werden.
Bei einem Marktpreis von 10 € werden von den Anbietern 350 Einheiten des Gutes angeboten, jedoch nur 150 Einheiten des Gutes nachgefragt, sodass ein Angebotsüberhang von 200 Einheiten besteht. Diese Situation führt zu Preissenkungen durch die Anbieter. Beim Marktpreis von 9 € sind die Anbieter bereit, noch 300 Einheiten zu verkaufen. Zu diesem Preis wollen die Nachfrager jedoch nur 200 Einheiten kaufen. Es besteht also weiterhin ein Angebotsüberhang in Höhe von 100 Einheiten. Senken die Anbieter den Preis weiter auf 8 €, werden noch 250 Einheiten des Gutes zum Verkauf angeboten. Bei diesem Preis sind die Nachfrager bereit, eine größere Menge des Gutes zu kaufen (250 Einheiten). Angebotsmenge und Nachfragemenge stimmen beim Preis von 8 € überein, das Marktgleichgewicht ist erreicht. Im Gleichgewicht wird die größte Gütermenge (250 Einheiten) umgesetzt und der Markt ist geräumt, da weder ein zu großes Angebot noch eine zu große Nachfrage besteht. Beim Gleichgewichtspreis von 8 € kommen somit alle Anbieter, die bereit sind, ihr Gut zu diesem Preis oder einen niedrigeren Preis zu verkaufen, und alle Nachfrager, die bereit sind, mindestens diesen Preis zu zahlen, zum Zuge.
Nur im Schnittpunkt von Angebotskurve und Nachfragekurve besteht das Marktgleichgewicht von Angebot und Nachfrage. Bei einem höheren Preis als dem Gleichgewichtspreis besteht ein Angebotsüberhang und bei einem niedrigeren Preis übersteigt die Nachfrage die angebotene Menge. Die laufenden Anpassungshandlungen der Marktteilnehmer, z.B. Senkungen des Preises durch die Anbieter oder Käufe auf Vorrat seitens der Verbraucher, lenken Angebot und Nachfrage in Richtung des Marktgleichgewichts; sie werden auch als Marktmechanismus bezeichnet. ...

Duden Wirtschaft von A bis Z: Grundlagenwissen für Schule und Studium, Beruf und Alltag. 5. Aufl. Mannheim: Bibliographisches Institut 2013. Lizenzausgabe Bonn: Bundeszentrale für politische Bildung 2013. http://www.bpb.de/nachschlagen/lexika/lexikon-der-wirtschaft/20309/preisbildung (Zugriff: 10.10.2015)

* **vollständige Konkurrenz** Marktbedingungen ohne staatliche Eingriffe oder Vorschriften

Gleichgewichtspreis
Gleichgewichtspreis und Gleichgewichtsmenge werden über das Zusammenspiel von Angebot und Nachfrage im Wettbewerb ermittelt. Ein Marktgleichgewicht entsteht.

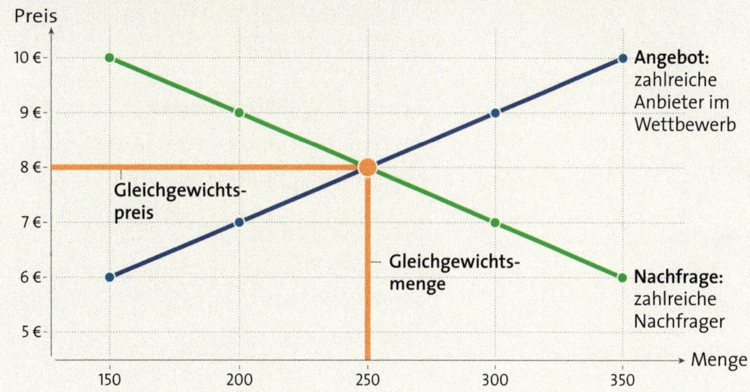

M4 Gleichgewichtspreis

1 Lest **M 2** genau durch und berichtet über die Funktion des Wettbewerbs in unserer Wirtschaft.

2 Erläutert, warum der Wettbewerb eine wichtige Rolle im Wirtschaftsgeschehen hat.

3 Erklärt mithilfe von **M 3** und **M 4** das Modell des Gleichgewichtspreises und seine Funktion für Anbieter und Käufer.

4 Diskutiert an Beispielen, warum das Internet das Marktgeschehen für Käufer durchsichtiger gemacht hat.

Wir führen eine Pro-und-Kontra-Diskussion

M 1 Streitgespräch in einer Klasse

Entscheidungsfrage

Eine Pro-und-Kontra-Diskussion setzt eine Themenstellung voraus, bei der man eindeutig Stellung beziehen kann. Bei einer Abstimmung müsstet ihr euch entscheiden, ob ihr dafür (= pro) oder dagegen (= kontra) seid. Das setzt eine längere Beschäftigung mit dem Thema voraus.

M 2 Checkliste für eine Pro-und-Kontra-Diskussion

Schritt 1: Thema vorstellen
Zunächst sollte man ein oder zwei Gesprächsleiter bestimmen und das Thema als Entscheidungsfrage an die Tafel schreiben.

Schritt 2: Abstimmung
Vor der Diskussion findet die erste Abstimmung statt. Das Ergebnis wird an der Tafel festgehalten. Ein Tipp: Wenn ihr bei der ersten Abstimmung die Augen geschlossen haltet und nur die Lehrerin, den Lehrer zählen lasst, werdet ihr nicht durch das Abstimmen eurer Mitschüler beeinflusst.

Schritt 3: Argumente sammeln
Teilt euch in eine Pro- und eine Kontra-Gruppe auf. Sammelt Argumente für die Position eurer Gruppe.

Schritt 4: Wahl der Anwälte
Aus jeder Gruppe werden je zwei bis drei „Anwälte" gewählt, die die Argumente ihrer Seite vortragen und vertreten.

Schritt 5: Streitgespräch
Wenn die Argumente vorgetragen sind, können die Anwälte die Vertreter der Gegenseite befragen und mit ihnen ein Streitgespräch beginnen. Der Gesprächsleiter führt die Diskussion und erteilt den Rednern das Wort. Anschließend können auch die Zuschauer die Anwälte befragen.

Schritt 6: Schlussvortrag
Am Ende hält je ein Anwalt jeder Partei einen Schlussvortrag. Darin fasst er die wichtigsten Argumente seiner Gruppe zusammen.

Schritt 7: Abstimmung und Auswertung
Es folgt die Schlussabstimmung. Vergleicht das Ergebnis mit der Abstimmung vor Beginn der Diskussion. Haben sich die Ansichten geändert? Welche Gründe werden dafür genannt? Sind die Teilnehmer nun sicher in ihrer Entscheidung oder sind noch Fragen offen? Was könnt ihr bei der nächsten Pro-und-Kontra-Diskussion besser machen?

M 3 Soll man alles kaufen können?

Der Journalist Christian Siedenbiedel schrieb 2012 in der Frankfurter Allgemeinen Sonntagszeitung:

Wenige Dinge werden so verteufelt wie die Kommerzialisierung. Dabei kann das Prinzip, für eine Sache Geld zu verlangen, überaus segensreich sein. Bestes Beispiel ist das Wasser in vielen Entwicklungsländern: Wo es kostenlos abgegeben wird, führt das zur Verschwendung. Und niemand investiert in neue Rohre und Leitungen. Wo es aber gelingt, für Wasser Geld zu nehmen, funktioniert die Wasserversorgung auffällig besser. Ökonomen sagen, es entsteht ein Markt mit Angebot, Nachfrage und einem Preis – das führt zu einer effizienteren Nutzung knapper Ressourcen wie Wasser. In ganz vielen Bereichen des Lebens ist das so. Gleichwohl wirft der Siegeszug dieses Markt-Prinzips die Frage nach den Grenzen auf – nach den Dingen, die man für Geld nicht kaufen können soll. „Moralische Grenzen von Märkten" hat der Havard-Professor Michael Sandel diese Grenzfälle der Ökonomie in seinem jüngsten Buch „What money can't buy" genannt. Die Entscheidung darüber ist oft nicht einfach.

Relativ leicht werden selbst die hartgesottensten Anhänger des Markt-Prinzips zustimmen, dass man Menschen nicht für Geld kaufen können soll. Es war zweifellos eine Errungenschaft der Zivilisation, dass die Sklaverei abgeschafft wurde. Das Prinzip der Menschenwürde schlägt das Markt-Prinzip.

Komplizierter wird es dann schon bei Teilen von Menschen. Der Göttinger Organspende-Skandal hat gerade wieder die Aufmerksamkeit auf den gewaltigen Mangel an Spenderorganen für Transplantationen gelenkt. 40.000 Menschen in Europa warten auf eine Niere. Es gibt zu wenige. Organhandel ist verboten, die Verteilung von Spenderorganen funktioniert über eine Warteliste. Allerdings sterben viele Patienten, bevor sie drankommen.

Zwei Gründe gegen den Kommerz

Kein Wunder, dass sich ein Schwarzmarkt entwickelt hat. Wenn man bereit ist, Geld zu zahlen, kommt man offenkundig leichter an Organe. Sollte man daraus schließen, dass man alle moralischen Bedenken beiseiteschieben und den Markt für Organe legalisieren sollte? ... Zwei Gründe führt Havard-Professor Sandel dagegen an, dass man alles für Geld kaufen können soll ... Der eine ist der „Verteilungs"-Grund: Wenn wirklich alles über Geld verteilt würde, auch die letzten Dinge, wären Arme noch weitaus schlechter dran als jetzt. Wenn Geld entscheiden würde, wer sich eine neue Niere oder gar ein neues Herz leisten kann, würde letztlich sogar das Recht auf Leben nach dem persönlichen Vermögen verteilt. Der andere Grund ist eine seltsame Rückwirkung, die das Bepreisen und Handeln von Dingen auf Märkten auf die Dinge selbst haben können: Unter Umständen verlieren sie ihre Würde - und die Menschen ihren Respekt vor ihnen. ...

Christian Siedenbiedel: http://www.faz.net/aktuell/wirtschaft/grenzen-des-marktes-nicht-alles-sollte-fuer-geld-zu-haben-sein-11860116.html (Zugriff: 10.10.2015)

1 Bereitet eine Pro-und-Kontra Diskussion zum Thema „Gibt es Grenzen für das Marktprinzip?" vor. Bildet zunächst kleine Gruppen und erarbeitet euch den Text **M 3**. Notiert euch wichtige Argumente und sucht weitere Beispiele.

2 Führt mithilfe der sechs Schritte (**M 2**) eine Pro-und-Kontra-Diskussion durch.

M1 Werbung mit einem deutschen Fußballstar

M2 Aston-Martin-Modell DB 10, speziell für einen James-Bond-Film

Was Werbung will

M3 Auf der Website der Zeitschrift Focus wird die Absicht von Werbung erklärt:

Werbung gibt es schon seit der Antike, denn bereits zu dieser Zeit versuchten Verkäufer, als Marktschreier ihren Absatz zu fördern. Im 19. Jahrhundert differenzierte sich die Werbung durch Drucktechniken und die Tageszeitung aus. Heute gibt es einen regelrechten Kult vor allem um Werbemaßnahmen und Kommunikationskampagnen im Fernsehen.

So vielfältig die Werbung heutzutage auch ist, im Prinzip funktioniert sie immer noch nach demselben Prinzip: Bei der Zielgruppe Aufmerksamkeit generieren, Interesse wecken, den Konsumwunsch auslösen und eine Handlung - den Kauf - herbeiführen.

http://www.focus.de/thema/werbung/ (Zugriff: 25.9.2015)

Wie Werbung arbeitet

Werbung muss auffallen! Aufmerksamkeit erreichen Werbemacher z.B. durch Farben, Gestaltung oder Musik.

Werbung will Bedürfnisse wecken! „Das ist toll! Das muss ich haben!" – ist die gewünschte Reaktion. Dazu wird das Produkt in einer angenehmen, schönen und erstrebenswerten Traumwelt präsentiert. Werbung mit Prominenten arbeitet oft mit einer ähnlichen Formel: „XY ist toll und hat das auch!"

Werbung spricht somit auch Gefühle an! Oft schwingen Liebe, Sexualität, Genuss, Gesundheit, Naturerlebnisse, Geborgenheit oder Angst mit.

Werbung arbeitet mit Bildern. Für die gewünschte Aufmerksamkeit und Gefühle, aber auch zur schnellen Information spielen Bilder eine wichtige Rolle.

Werbung muss unterhalten! Die wichtigsten Mittel sind Spannung, Überraschung, Verfremdung und Humor. Die meisten Werbespots „erzählen" deshalb oft Kurzgeschichten mithilfe dieser Stilmittel.

Werbung arbeitet mit gezielter Sprache! Übertreibungen wie „Super Saugkraft. Extra stark." sowie Hervorhebungen wie „Für Mütter, die das Beste geben".

Werbung spricht zunehmend auch das Preisbewusstsein der Verbraucher an!

Werbung will im Gedächtnis bleiben! Mancher wäre froh, wenn er sich Vokabeln genauso gut und leicht wie Werbesprüche merken könnte. Werbung arbeitet eben mit effektiven Methoden:

Durch häufige Wiederholungen und leicht einprägsame Slogans (Schlagwörter), Jingles (Werbelieder) und Logos (Firmen- und Markenzeichen) wird der Konsument immer wieder an das Produkt oder die Marke erinnert. Nur wenn das Produkt oder die Marke dauerhaft im Gedächtnis der Kunden bleibt, ist die Werbung wirklich erfolgreich gewesen.

Versteckte Werbung

Direkte Werbung erreicht immer nur einen kleinen Teil der gewünschten Zielgruppe. Viele Leser blättern bei den meisten Anzeigen weiter, ohne sie näher zu beachten. Werbeblocks im Fernsehen werden gerne als Auszeit genutzt, um zum Kühlschrank oder zur Toilette zu gehen. Dies wissen auch die Werbemacher. Deshalb werden versteckte Werbeformen wie „Product Placement" oder Gewinnspiele immer häufiger angewandt. Für Gewinnspiele in Jugendzeitschriften stellen die Unternehmen oft Gewinne kostenlos zur Verfügung, teilweise bezahlen sie zusätzlich sogar noch dafür.
Zur versteckten Werbung gehört auch das Sponsoring: „Diese Sendung wird Ihnen präsentiert mit freundlicher Unterstützung von ..." Für diese kurze Nennung im Fernsehen bezahlt ein Sponsor viel Geld und hofft sein Image zu verbessern.

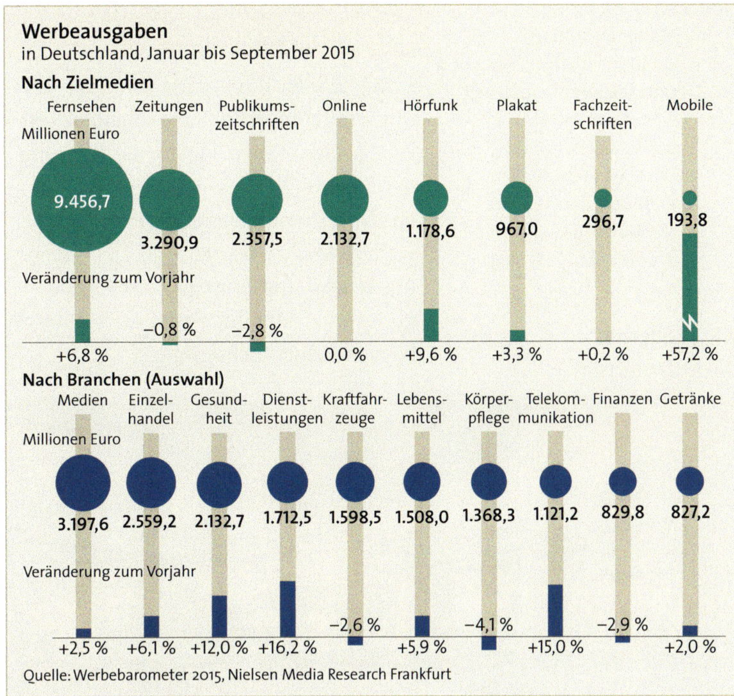

M4 Werbeeinnahmen nach Medien und Produkten

M5 Über eine weitere versteckte Werbemethode berichtet Jan Schwenkenbecher in der Frankfurter Allgemeinen Sonntagszeitung:

... Beim Surfen im Netz sind wir so häufig mit Werbebannern konfrontiert, dass wir sie gar nicht mehr beachten. Banner Blindness heißt das. ...
Über die Zeit trainieren wir so unseren körpereigenen Werbefilter. Um genau dieses Phänomen zu umgehen, versucht die Werbebranche mittels Cookies und UIDs* uns so persönlich wie möglich anzusprechen, damit die Anzeigen von uns als wichtig eingestuft werden.
Für Werbetreibende bleibt somit nur ein Weg, um den Käufer zu erreichen: Die Anzeige darf nicht als solche erkannt werden. „Wenn Werbung nicht in der typischen Form erscheint, kann sie nicht ausgeblendet werden." ... So soll sich das Design einer Anzeige in die Website einfügen und die gleichen Funktionen besitzen wie der restliche Inhalt: ein Textartikel auf Nachrichtenseiten, ein Video auf Videoportalen. Auch inhaltlich hebt sich die Werbung nicht von der eigentlichen Site ab. ...

Jan Schwenkenbecher. Wenn Werbung nicht mehr wirkt, FAS 18.10.2015, http://www.faz.net/aktuell/wissen/mensch-gene/online-reklame-wen...werbung-nicht-mehr-wirkt-13850094-p3.html (Zugriff: 19.10.2015)

* **UID Cookies**, die auf den Rechnern von Facebook gespeichert werden und deswegen vom Nutzer nicht mehr gelöscht werden können.

1 Berichtet euch gegenseitig, welche Werbung bei euch so gewirkt hat, dass ihr deswegen ein Produkt gekauft hat. Was war der stärkste Reiz?

2 Untersucht ein Beispiel von Werbung in den Medien und analysiert die Methoden der Werbemacher.

3 Erläutert mithilfe von **M4** den Zusammenhang zwischen unserem Medienverhalten und den Ausgaben der Unternehmen für Werbung.

4 Bildet kleine Gruppen und entwerft eine eigene Werbung für ein Fantasieprodukt (Plakat, Collage, Videoclip).

Marketingstrategien erkennen

* **Marketingstrategie**
Ein längerfristiger Plan von Unternehmen, wie sie ein Produkt im Markt positionieren können. Dabei werden die Werbung, der Preis und technische Besonderheiten des Produkts festgelegt.

M 1 Modernes Einkaufszentrum

M 2 Über die neue Marketingstrategie* eines Supermarktes berichtete Mona Jäger in der Frankfurter Allgemeinen Zeitung am 1.2.2015:

... „Wir wollen, dass sich die Kunden bei uns wohl fühlen und lange bleiben", erklärt (Marktleiter) Clausen das Konzept des Egelsbacher Rewe-Centers, das für das Unternehmen eine Art Prototyp für weitere Märkte werden soll. Der Supermarkt wird immer mehr zum Vergnügungspark, der Kunde zum Ausstellungsbesucher und Kochschüler. ...

Ob sich das direkt in barer Münze für Rewe, Douglas und Co. auszahlt, verraten die Unternehmen nicht. Muss es aber auch gar nicht. Denn es gehe vielmehr darum, eine positive Verknüpfung zwischen Kunden und Einzelhändlern herzustellen, sagt Sebastian Müller von der Gesellschaft für Konsumforschung.
Der Handel bemühe sich immer mehr. positive Emotionen beim Kunden hervorzurufen und eine persönliche Beziehung zum Verbraucher herzustellen. Das verlange der Verbraucher auch immer häufiger: „Der Kunde ist in den vergangenen Jahren selbstbewusster geworden und er hat einen besseren Überblick über die Angebote." ...
Eine der größten Herausforderungen ist der wachsende Online-Handel. Wer bequem vom heimischen Sofa und unabhängig von allen Öffnungszeiten Waren bestellen kann, muss schon mit besonderen Aktionen ins Geschäft gelockt werden. Zum Beispiel mit einem Oktoberfest im Möbelhaus. Oder einer Jazz-Nacht im Gartencenter.
Bei 3000 Markenkontakten, die jeder Deutsche durchschnittlich am Tag hat, gilt es, in Erinnerung zu bleiben. Der Fantasie findiger Marktleiter sind keine Grenzen gesetzt. Kaum ein Einkaufszentrum kommt heute noch ohne Weihnachtsmarkt aus. Buchhandlungen ohne Café-Ecke wirken schon fast exotisch.
Die Einzelhändler investieren laut Konsumforscher Müller viel Geld, um den Kunden positiv zu stimmen, auch wenn er keine genauen Zahlen nennen kann. Lohnen dürften sich die Investitionen aber schon, denn grundsätzlich gilt, dass gutgelaunte Kunden die besseren Käufer sind. ...

Mona Jäger: Hier können Sie was erleben, FAZ 1.2.2015, http://www.faz.net/aktuell/wirtschaft/unternehmen/unternehmen-wollen-ihre-kunden-durch-events-an-sich-binden-13400237.html (Zugriff: 16.11.2015)

M 3 Marco Saal beschrieb im September 2015 eine erfolgreiche Marketingstrategie von Apple:

Eigentlich müsste Apple mit seinen iPhones allmählich an eine natürliche Wachstumsgrenze stoßen. Eigentlich. Denn die Verkaufszahlen vom ersten Wochenende nach dem Launch der Modelle iPhone 6s und iPhone 6s Plus zeigen, dass die Nachfrage trotz hoher Marktdurchdringung unverändert groß ist. Dass Apple mit mehr als 13 Millionen verkauften iPhones einen neuen Rekord aufstellen konnte, liegt natürlich auch daran, dass China bei der ersten Welle der Produkteinführung mit dabei war. Aber auch an der cleveren Werbekampagne, die nun auch in Deutschland startet.

Bei dem 60-Sekünder setzt Apple auf eine Strategie, die in der Werbung nicht sonderlich verbreitet ist – nämlich die des Understatement: „Das ist das iPhone 6s. Viel hat sich nicht geändert", erklärt eine wenig euphorisch wirkende Sprecherin zu Beginn des Spots aus dem Off, um diese Aussage in den verbleibenden gut 50 Sekunden komplett zu widerlegen.

So wird das neue Feature „3D Touch", das verschieden starke Druckbewegungen der Finger unterscheiden kann, in aller Ausführlichkeit erklärt. Die Zuschauer erfahren nicht nur, dass das neue iPhone darauf reagiert, wie fest man auf das Display drückt, sondern auch wie genau mit den neuen Gesten „Peek" und „Pop" das Starten von Songs, das Lesen von Nachrichten und E-Mails sowie das Wechseln zwischen Apps dadurch vereinfacht wird.

Doch damit nicht genug. Die Zuschauer erfahren außerdem, dass es das iPhone 6s jetzt in der neuen Farbe „Roségold" gibt, dass man mit dem Smartphone per TouchID jetzt auch Konzerttickets kaufen kann, der Sprachassistent Siri neuerdings auch ohne Drücken funktioniert, die Kamera jetzt Videos in 4K-Qualität aufnimmt und Fotos dank der Funktion „Live Photos" lebendig werden. „Und das ist alles, was sich geändert hat", sagt die Sprecherin am Ende des Commercials mit einem leicht ironischen Unterton. ...

Marco Saal: Wie Apple das x-te iPhone-Modell zum Must-Have macht, http://www.horizont.net/marketing/nachrichten/iPhone-6s-Wie-Apple-das-x-te-iPhone-Modell-zum-Must-Have-macht-136605 (Zugriff: 16.10.2015)

M 4 Das Produkt steht im Mittelpunkt. *Karikatur*

1 Untersucht **M 2** und beschreibt mit eigenen Worten die Marketingstrategie des beschriebenen Supermarktes.

2 Befragt eure Eltern, Lehrerinnen und Lehrer, ob sie sich von solchen Marketingstrategien angesprochen fühlen und ob sie an den beschriebenen Aktionen teilnehmen würden. Berichtet der Klasse.

3 Erläutert euch gegenseitig, welche Marketingstragegien euch selbst ansprechen.

4 Analysiert die in **M 3** beschriebene Strategie. Mit welchen Mitteln arbeitet sie?

5 Wertet die Karikatur **M 4** aus. Erklärt, worüber sich der Zeichner lustig macht.

6 Entwickelt eine Marketingstrategie für ein Produkt oder eine Dienstleistung und gestaltet dazu ein Poster.

Wir führen eine Erkundung durch

Ziel einer Erkundung

Durch Erkundungen kann man an einem Ort außerhalb der Schule wichtige Erkenntnisse zu Unterrichtsthemen sammeln. Eine Erkundung muss gut vorbereitet sein. Wichtig ist auch, die Gesprächspartner oder Einrichtungen, die man besuchen will, vorher zu informieren und eventuell nötige Genehmigungen einzuholen.

M 1 Checkliste für eine Erkundung am Beispiel eines Supermarktes

A Vorbereitung

Schritt 1: Informationen sammeln

Um bei einer Supermarkterkundung möglichst viel zu entdecken, muss man sich im Vorfeld über die ausgeklügelten Verkaufsstrategien informieren.

Schritt 2: Schwerpunkte bilden und Arbeitsgruppen einteilen

Legt nun unterschiedliche Themenschwerpunkte fest und verteilt diese auf mehrere Gruppen.

Schritt 3: Vorerkundung in Arbeitsgruppen

Die einzelnen Arbeitsgruppen führen nun eine Vorerkundung durch. Dabei nehmen sie Kontakt mit dem Marktleiter auf und fragen ihn, ob er bereit ist, euch ein Interview zu geben, und ob er Fotografieren erlaubt.

Schritt 4: Planung der eigentlichen Erkundung und Dokumentation

Nun planen die Arbeitsgruppen ihre Erkundung und wie sie die Ergebnisse danach vorstellen wollen. Davon hängt nämlich ab, welche Hilfsmittel und Materialien (z. B. Fragebögen, Foto, ...) notwendig sind.

B Durchführung

Eine Supermarkterkundung ist kein Einkaufsbummel. Ihr müsst aktiv sein, euch freundlich und ruhig verhalten, gezielt beobachten, die Erkenntnisse dokumentieren und die Arbeitsaufgaben erfüllen.

C Auswertung und Präsentation

Durch die Erkundung habt ihr viele Informationen gesammelt. Nun müsst ihr klären: Wie können die Informationen geordnet und veranschaulicht werden? Welche Informationen fehlen (Nacherkundung oder Recherche)?
Die Präsentation kann z. B. mit einer Wandzeitung oder einer PowerPoint-Präsentation erfolgen. Auch eine Broschüre mit Tipps für Verbraucher zu Verkaufsstrategien ist möglich.

M 2 Im Supermarkt

... Heerscharen von Marktforschern beschäftigen sich mit Fragen wie: Wohin läuft der Kunde? Wo sieht er hin und wo sucht er was? Aus wie vielen Marmeladensorten will er wählen? Welche Musik hebt die Kauflaune und auf welche Temperatur soll die Klimaanlage eingestellt sein? 19 Grad sind optimal, hat man inzwischen herausgefunden, und auch andere Erkenntnisse gelten als gesichert. Die Laufrichtung zum Beispiel: Die Mehrheit der Menschen ist „linksdrehend". Supermärkte, die ihre Kunden entgegen dem Uhrzeigersinn leiten, erzielen rund zehn Prozent mehr Umsatz, fand der amerikanische Einkaufsforscher Herb Sorensen heraus. ...
Musik: Geklärt ist auch die Beschallungsfrage: 72 Schläge pro Minute sollten es sein, klanglich je nach Tageszeit auf das entsprechende Publikum zugeschnitten.
...

Beleuchtung: ... Licht! Bis zu 40 Prozent der Einrichtungskosten gehen allein für die Beleuchtung drauf. Dafür gibt es zwei Gründe: Erstens mag es der Kunde hell, dunkle Ecken betritt er sehr ungern. Und zweitens sieht Ware, die ins rechte Licht gerückt wird, einfach besser aus. Besonders auffällig ist das beim Fleisch, das im Rotlicht viel appetitlicher wirkt als in fahlem Weiß.
Blocking: Um den Kunden zum spontanen Zugreifen zu bewegen, braucht es aber auch ganz konkrete Anreize: Aufsteller, Wühltische oder Paletten, die zum Ausweichen zwingen, erzeugen unwillkürlich Aufmerksamkeit. „Blocking" nennen das die Fachleute. Produkte, die außerhalb der Regale präsentiert werden, müssen besonders billig sein, sagt das Unterbewusstsein. Ein Stapel vermeintlicher Sonderposten, womöglich noch mit grell-orangenem Preis versehen, appelliert an den Schnäppcheninstinkt. Ob die Ware tatsächlich günstig ist, lässt sich spontan schwer beurteilen. Um Vergleichspreise zu ermitteln, müsste man sich zum betreffenden Regal begeben – und wer macht das schon? ...
Sichtbereich: Die teuren Marken stehen aus verkaufstechnischen Gründen stets so, dass sie schnell entdeckt werden, also oben und in der Mitte. ...
Kassenzone: In der Kassenzone ist die „Je mehr, desto teurer"-Regel außer Kraft gesetzt. Ein einzelner Schokoriegel ist proportional teurer als der Dreierpack. ... Bis zu fünf Prozent des Gesamtumsatzes machen die Märkte in der Kassenzone – auf gerade mal 1,5 Prozent der Fläche. ...

Isabell Noé, http://www.geldsparen.de/wohnen/kosten-sparen/supermarkt-so-meiden-sie-fallen (Zugriff: 19.10.2015)

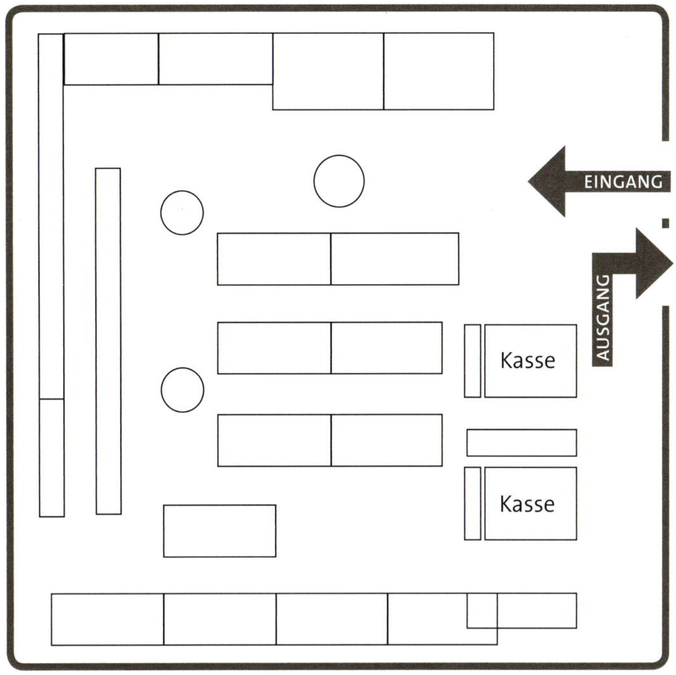

M3 Skizze des Supermarktes

FRAGEBOGEN

1 Warum kaufen Sie in diesem Supermarkt ein?

....

2 Verwenden Sie zum Einkaufen eine Einkaufsliste?

☐ ja ☐ nein

3a Haben Sie heute mehr eingekauft als geplant?

☐ ja ☐ nein

b Wenn ja, warum?

....

4 Welche Verkaufstricks im Supermarkt kennen Sie?

....

....

M4 Fragebogen der Gruppe Kundenbefragung

1 Bereitet mithilfe von **M1** eine Erkundung vor und führt sie durch.
2 Lest **M2** und entwickelt daraus Fragen, die ihr im Laufe der Erkundung klären wollt.
3 Schreibt für eure Schülerzeitung einen Bericht über eure Erkundung.

Einkaufen im Internet

Sabine sucht ein schönes Hotel für ihren nächsten Urlaub. Sie achtet dabei auch auf die Kommentare ehemaliger Gäste.

Hotelbesitzer Marko schreibt Bewertungen – über sein Hotel.

M 1 Vorsicht bei Nutzerbewertungen!

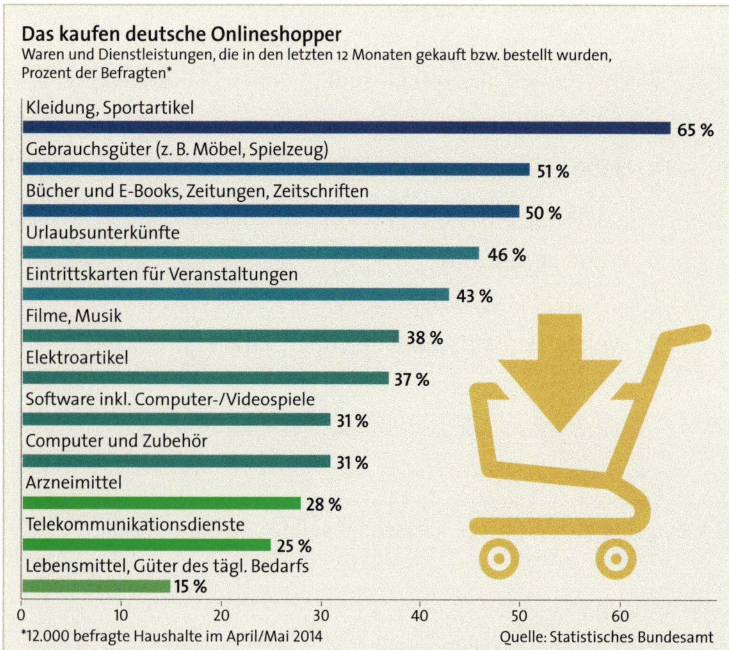

M 2 Waren und Dienstleistungen, die 2014 im Netz gekauft wurden

Marktplatz Internet

45 Millionen Menschen kauften 2013 Waren und Dienstleistungen im Netz, 2015 wird die Zahl noch weiter gestiegen sein. Im Jahre 2008 nutzen erst 35 Millionen Menschen in Deutschland das Netz als Einkaufsquelle.

M 3 Vor- und Nachteile

... Wer im Web shoppt, kann sich dessen Vorteile zunutze machen, zum Beispiel die komfortablen Möglichkeiten zur Produktrecherche und zum Preisvergleich. So lassen sich einige Euros sparen und Fehlkäufe vermeiden. Dank des Widerrufsrechts bei Fernabsatzverträgen haben die Kunden zudem – anders als im Laden – immer ein 14-tägiges Recht, ihren Kauf rückgängig zu machen. ...
Der Einkauf im Internet ist zwar praktisch, aber er birgt auch Risiken, gerade für Jugendliche mit vergleichsweise wenig Erfahrung: So sagen immerhin 9 Prozent der 16- bis 18-Jährigen, sie seien im Netz schon einmal betrogen worden. Selbst wenn es nicht so schlimm kommt, die eine oder andere Falle gibt es durchaus. ...

http://www.wirtschaftundschule.de/aktuelle-themen/haushalte-geld/online-shopping/vorteile-risiken-und-sicherheitstipps/ (Zugriff: 16.10.2015)

M 4 Sicherheitstipps für's Web-Shopping

... Wer im Internet einkaufen möchte, sollte diese Hinweise beachten: Sicherheit: Anbieter mit Seriositäts-Gütesiegeln wie „S@fer Shopping“ vom TÜV Süd, dem EHI-Label „Geprüfter Online-Shop“ oder der „Trusted Shops Guarantee“ bevorzugen. Beim Bestell- und Bezahlvorgang auf das verschlüsselte Web-Protokoll, also das „https“ in der URL achten. Die Allgemeinen Geschäftsbedingungen (AGB) nachlesen. ...

http://www.wirtschaftundschule.de/aktuelle-themen/haushalte-geld/online-shopping/vorteile-risi

M5 Falsche-Bewertungen-Betrug

Janis Brühl schreibt in der Süddeutschen Zeitung:

... In Umfragen geben regelmäßig mehr als zwei Drittel der deutschen Befragten an, dass ihnen Bewertungen anderer Kunden Orientierung beim Einkaufen geben. Angebote mit vielen positiven Rezensionen erscheinen nicht nur Nutzern als attraktiver, die schon auf der entsprechenden Produktseite gelandet sind. Sie können es auch – ungerechtfertigt – auf die Bestenlisten der Verkaufsportale schaffen. Dort sichtbar zu sein ist wichtig, wenn man in den Weiten des Netzes Umsatz machen will.

Falsche Bewertungen sind die Erbsünde des Onlineshoppings. Schätzungen gehen davon aus, dass jede dritte Rezension gefälscht ist – mindestens. Amazon ist nicht die einzige Website, die mit dem Problem konfrontiert ist, auf Portalen für Preisvergleiche wie Ciao oder für Restaurantbewertungen wie Yelp wird genauso getrickst. Auch im deutschsprachigen Raum gibt es spezialisierte Agenturen, die positive Bewertungen gegen Geld anbieten. ...

Besonders oft gefälscht werden Verbraucherschützern zufolge Rezensionen von elektronischen Geräten, vor allem aber ist bei Reiseportalen Vorsicht geboten: Im Tourismus sind Bewertungen noch wichtiger als bei physischen Produkten.

... Die Sprache in Bewertungen kann verräterisch sein: Echte Tester benutzen Wörter, die das Reiseziel beschreiben, wie „Fußboden" oder „Badezimmer". Fälscher dagegen verwenden oft vage Worte wie „Luxus". Und sie erzählen gerne von Verwandten, die der Geschichte quasi als Nebenpersonen Authentizität verleihen sollen. Wörter wie „Ehemann" und „Ehefrau" gelten als Alarmsignale. Ungewöhnliche Formulierungen sollten Nutzer googeln. Wenn sie wortgleich bei anderen Produktbewertungen auftauchen, kann das ein Hinweis sein, dass ein Fälscher einen Bewertungstext einfach kopiert hat – oder ihn gar eine Maschine verfasst hat. ...

Janis Brühl: gekaufte Sterne, in Süddeutscher Zeitung, Nr.241 20.10.2015 S. 21, auch: http://www.sueddeutsche.de/digital/produkt-rezension-so-erkennen-sie-gekaufte-amazon-bewertungen-1.2699109 (Zugriff: 20.10.2015)

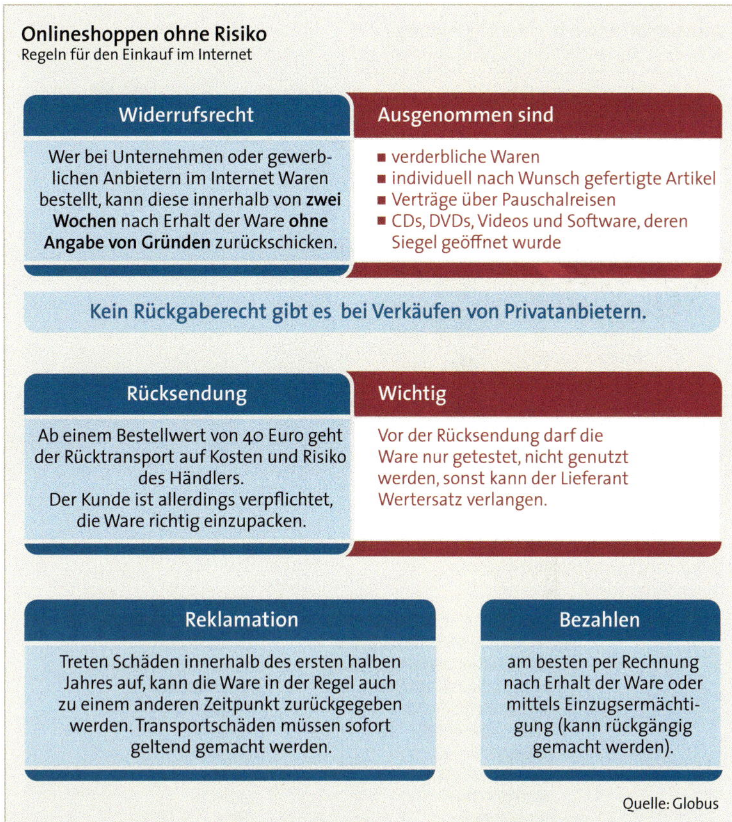

M6 Onlineshoppen ohne Risiko

1 Berichtet euch gegenseitig über eure Erfahrungen mit dem Einkaufen im Internet. Zieht **M3** und **M5** in euer Gespräch mit ein.

2 Wertet **M2** aus und stellt fest, welche Produkte bevorzugt und welche eher selten über das Internet gekauft werden.

3 Lest **M5** und listet auf, wie ihr betrügerische Bewertungen erkennen könnt.

4 Erkundet die Bedingungen für den Kauf bzw. die Miete von Musiktiteln bei verschiedenen Streaming-Diensten oder anderen Anbietern. Auf was muss man unbedingt achten?

Marke – muss sein?!

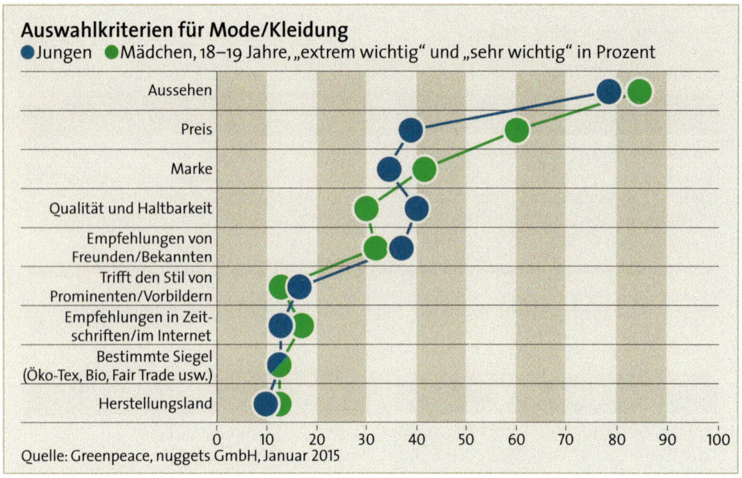

M1 Auf was es ankommt ...

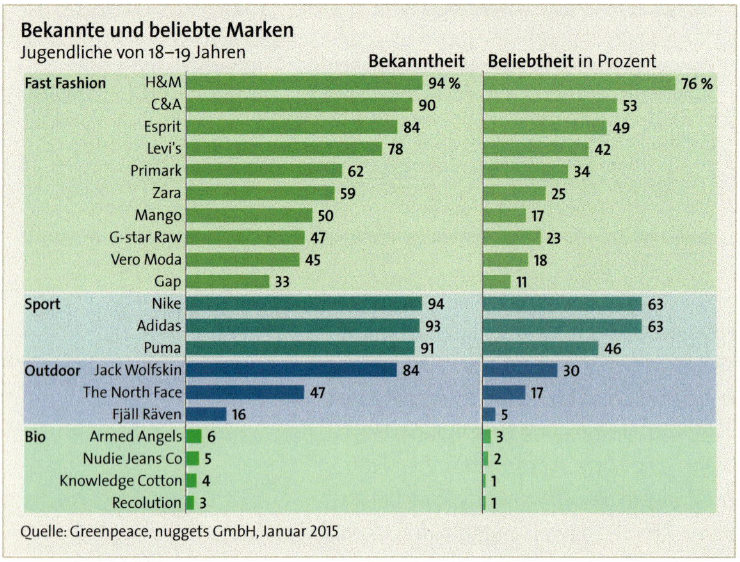

M2 Bekanntheit von Marken

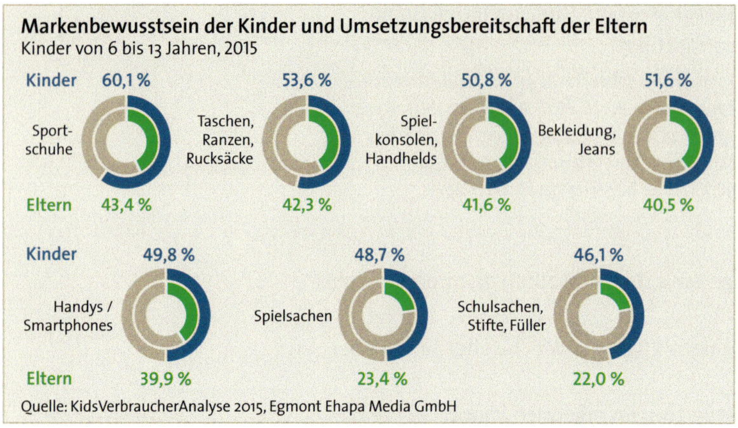

M3 Markenbewusssein von Kindern und die Bereitschaft von Eltern, Markenprodukte zu kaufen

M4 Der Durchschnittsjugendliche ...

Der Durchschnittsjugendliche telefoniert mit einem Smartphone von Samsung mit einem Telekom-Vertrag, trägt Nike-Schuhe, duftet nach einem Nivea-Deo, geht bei McDonald's essen und trinkt eine Coca Cola dazu. Wenn er sich später ein Auto anschafft, soll es am liebsten ein VW oder Audi sein. Das gilt 2014 genauso wie im Vorjahr. ... McDonald's bleibt die beliebteste Fast-Food-Kette, gefolgt vom Aufsteiger Vapiano und Subway. Burger King ist in der Gunst der Jugendlichen auf Platz vier gesunken. Bei den Softdrinks dominiert Coca Cola, während Konkurrent Pepsi nicht mehr unter den ersten sechs auftaucht. Bei elektronischen Medien hat sich Samsung als Lieblingsmarke der Jugendlichen etabliert und verweist Apple bei Smartphones und Tablets auf Rang zwei. Der einstige Handy-Gigant Nokia rutscht immer weiter ab und liegt bei den Smartphones hinter Sony und HTC auf Platz fünf.

http://www.t-online.de/eltern/jugendliche/id_71587360/jugend-das-sind-die-lieblingsmarken-von-jugendlichen.html (Zugriff: 16.10.15)

M5 Grüne Labels fast unbekannt

„Jugendliche wissen um die Ausbeutung von Mensch und Natur in der Textilproduktion, allerdings blenden sie das im Laden aus. Und kreative Lösungen wie Kleidung teilen, tauschen oder aufmöbeln sind einfach noch nicht sichtbar und populär genug“, sagt Kirsten Brodde, Textil-Expertin von Greenpeace.
Über achtzig Prozent der Jugendlichen kauft ihre Kleidung bei Fast Fashion-Ketten wie H&M oder C&A. Etwas mehr als die Hälfte kauft auch online auf den Seiten der Modeketten oder von Amazon. Die Herstellungsbedingungen oder Textilsiegel sind nur für gut zehn Prozent der Jugendlichen ein Kauffaktor. Ein ähnliches Verhältnis

zeigt sich auch in der Bekanntheit der Marken: Während über 90 Prozent der Teenager Marken wie Nike oder Adidas kennen, wissen nur drei bis sechs Prozent der Jugendlichen von bekannten grünen Labels wie ArmedAngels oder Recolution. Der nachhaltige Kleiderkonsum der Jugendlichen wird vor allem durch Vorurteile gebremst. So meint etwa ein Drittel der Befragten, sich grüne Mode nicht leisten zu können. Außerdem sei sie weder cool genug, noch gebe es genug Auswahl. ...

https://www.greenpeace.de/presse/presseerklaerungen/mode-jugend-denkt-grun-kauft-aber-konventionell (Zugriff: 11.10.2015)

M6 Das Styling ist wichtig ...

Die Westdeutsche Allgemeine Zeitung (WAZ) hat im Mai 2014 die Reportage eines Schülers, Maximilian Knöfel, aus einer 9. Klasse am Helmholtzgymnasium in Essen gedruckt:

... Nach einer Befragung Jugendlicher im Alter zwischen 14 und 16 Jahren an einem Essener Gymnasium zu der Frage, was für sie zu einem guten Erscheinungsbild zählt, bestätigten mir die meisten von ihnen, auf ihr Aussehen und die Wahl ihrer Produkte zu achten. „Das Styling ist schon wichtig!" ...

„Sehen und gesehen werden." Ein wesentlicher Faktor für ein gutes Erscheinungsbild sind die Klamotten. Hierbei ist es nicht nur wichtig, dass die Sachen gut aussehen, sondern vor allem von einer angesagten Marke sind. Meist bedeutet das auch gleich, dass sie teurer waren. Marke und teuer – das bezieht sich vor allem in der heutigen Zeit auch auf das Handy. ...

Viele Jugendliche fühlen sich durch diese Statussymbole eher akzeptiert und respektiert. ...

Beliebt zu sein ist einer der wichtigsten Punkte für ein positives Erscheinungsbild. Auch wenn es viele Jugendliche gibt, die meinen, dass man keine Markenprodukte braucht, um gut auszusehen und gut anzukommen, haben wiederum viele Jugendliche fast ausschließlich Markenprodukte. ...

Markus Knöfel: Markenklamotten sind für Jugendliche wichtig, http://www.derwesten.de/zeusmedienwelten/mediacampus/fuer-schueler/zeus-regional/essen/markenklamotten-sind-fuer-jugendliche-wichtig-id9406838.html (Zugriff: 20.10.2015)

Mehr zum Thema
Film: **Nachhaltigkeit einfach erklärt**

Webcode PE400001-089

1 Wertet **M1–M3** aus und formuliert daraus einen Text über das Markenbewusstsein von Jugendlichen.

2 Führt in eurer Klasse oder in eurem Jahrgang eine Befragung zum Thema „Marke muss sein?" durch.

3 Prüft mit eurem Partner, eurer Partnerin, ob die Aussagen in **M4** auf euch zutreffen.

4 Führt eine Pro-und-Kontra-Diskussion zum Thema „Das Styling ist wichtig" durch. Wertet dazu **M1**, **M5** und **M6** aus.

Hilft der faire Handel?

M1 Arbeiter schälen Kaffeebohnen auf einer Plantage in Tansania

M2 Die TransFair-Organisation schreibt über ihre Arbeit:

Der Faire Handel hat das Ziel, benachteiligte Produzentenfamilien in Afrika, Asien und Lateinamerika zu fördern. Langfristige Handelsbeziehungen, garantierte Mindestpreise, Fairtrade-Prämien und Vorfinanzierung verhelfen den benachteiligten Produzentengruppen im Süden zu einem verbesserten Einkommen. Auf diese Weise können sie aus eigener Kraft ihr Überleben sichern – und zusätzlich in Umweltschutz, Bildung und medizinische Versorgung investieren. Dies ermöglicht auch den Kindern eine bessere Zukunft. ...
Als unabhängige Nationale Fairtrade-Organisation (NFO) handelt TransFair nicht selbst mit Waren, sondern vergibt an Importeure, Verarbeitungsbetriebe und Händler, die die Standards des Fairen Handels erfüllen, das Recht, das Fairtrade-Siegel zu nutzen.
... Derzeit bieten in Deutschland über 250 Lizenznehmer rund 2000 Fairtrade-gesiegelte Produkte in den Produktsparten Kaffee, Tee, Eiscreme, Schokolade, Kekse, Kakao, Honig, Bananen, Fruchtsäfte, Eistees, Wein, Sportbälle, Reis, Textilien mit Fairtrade-Baumwolle und Rosen an. Die Fairtrade-Produkte sind in über 42.000 Supermärkten, in den Lebensmittelabteilungen der Warenhäuser, im Naturkosthandel und in allen Weltläden erhältlich. Darüber hinaus schenken rund 20.000 Kantinen, Cafés, Mensen und Hotels fair gehandelten Kaffee und mehr aus.

http://www.fairtrade-code.de/transfair/mod_content_page/seite/dt_n_ueber_fairtrade/index.html (Zugriff: 16.10.2015)

M3 Über die Kaffeeproduktion ... schreibt Fairtrade auf seiner Website:

... Fairtrade-Kaffee stammt ausschließlich von Kleinbäuerinnen und -bauern, die sich in Organisationen demokratisch zusammenschließen und so eine bessere Position auf dem von großen Konzernen beherrschten Weltmarkt einnehmen. Und das ist dringend notwendig.
Die Hälfte des Weltmarktes für Kaffee wird von nur drei Handelskonzernen beherrscht. Gegenüber dieser Machtkonzentration stehen weltweit 25 Millionen Kaffeebauern, die dem Preisdiktat der Händler und Börsenspekulationen ausgeliefert sind und in ihrem täglichen Überlebenskampf keinen Ausweg aus der Armut finden.

So funktioniert der Faire Handel mit Kaffee

Fairtrade-Kaffeeorganisationen erhalten einen stabilen Preis sowie eine Fairtrade-Prämie, über deren Verwendung die Kleinbauern selbst entscheiden. Fortbil-

Mehr zum Thema
Film: Börsenkurs einfach erklärt

Webcode PE400001-091

dungen und Trainings verbessern Verhandlungsposition, Anbaupraxis und Qualitätsmanagement.
... Neue Untersuchungen des Natural Resources Institute der Universität Greenwich beschäftigen sich mit der Wirkung von Fairtrade auf Kleinbauern und ihre Organisationen im Kaffeesektor. ...
Die Studie ergab, dass Fairtrade-Bauern in drei der vier Länder höhere Einkommen meldeten als die Bauern, die nicht mit Fairtrade arbeiteten. Es fanden sich darüber hinaus Belege dafür, dass Fairtrade-Bauern und ihre Organisationen im Fall von ökonomischen Schocks, wie dem Einbruch der Marktpreise, widerstandsfähiger und weniger verletzlich waren, Dank der Absicherung durch Fairtrade-Mindestpreis und -Prämie. War der Kaffeepreis niedrig, erlaubte der Mindestpreis den Fairtrade-Kaffeebauern ein besseres Einkommen im Vergleich zu Bauern, die nicht mit Fairtrade arbeiteten. ...

https://www.fairtrade-deutschland.de/produzenten/kaffee (Zugriff: 16.10.2015)

M 4 Beispiel für Fairtrade-Produkte

M 6 Fairtrade-Logo

M 5 Profitieren die Bauern wirklich?

... Doch eine Frage drängt sich auf: Was nützt eine Idee, die gut gemeint, aber schlecht umgesetzt ist? So fanden kürzlich Wissenschaftler der University of London heraus, dass die Löhne in Betrieben in Uganda und Äthiopien ohne Fairtrade-Label zum Teil nicht nur ähnlich hoch, sondern sogar höher und die Arbeitsbedingungen besser waren. „Laut unseren Untersuchungen war Fairtrade kein effektiver Mechanismus, um das Leben der ärmsten Landbevölkerung, der angestellten Arbeiter, zu verbessern", sagte Studienautor Christopher Cramer dem Guardian.
Die Untersuchung, von Fairtrade heftig als unzulässig verallgemeinernd kritisiert, ist nicht die einzige dieser Art. Forscher der Universitäten Berkeley und San Diego untersuchten die Daten aus 13 Jahren von Kooperativen in Guatemala und fanden praktisch keinen langfristigen positiven Effekt. Ihr Fazit: Die wirtschaftlichen Vorteile werden durch die hohen Zertifizierungskosten wieder aufgefressen.
Fairtrade-Bauern erhalten einen Mindestpreis von aktuell 1,40 US-Dollar pro Pfund. Dazu kommt eine Prämie von 20 Cent, zum Teil noch ein Bio-Aufschlag von weiteren 0,30 Cent. Dieses Geld fließt, auch wenn der Weltmarktpreis niedriger ist. Ist der Börsenpreis höher, erhalten sie diesen. Um in den Genuss des Geldes zu kommen, müssen die Bauern aber erst einmal kräftig vorstrecken. Eine Antragsgebühr von 525 Euro wird fällig, danach eine Erstzertifizierungsgebühr von weiteren 2.250 Euro. Dank der (jährlich zu zahlenden) Gebühren würden die Bauern aber auch beraten, argumentiert Fairtrade-Deutschland-Chef Dieter Overath. So steige die Produktivität, wodurch die Bauern wieder profitieren.

Axel Hansen | Wenn Kaffee bitter schmeckt, 18. August 2014 http://www.zeit.de/wirtschaft/2014-08/fairetrade-kaffee (Zugriff: 16.10.2015)

1 Lest **M 2** und **M 3** und berichtet über die Ziele und die Arbeitsweise der TransFair-Organisation.

2 Erläutert die Kritik, die in **M 5** am fairen Handel geäußert wird.

3 Findet heraus, warum in **M 3** und **M 5** so verschiedene Urteile zur Wirksamkeit von fairem Handel geäußert werden.

M 1 Verbraucherzentralen – leicht erreichbar

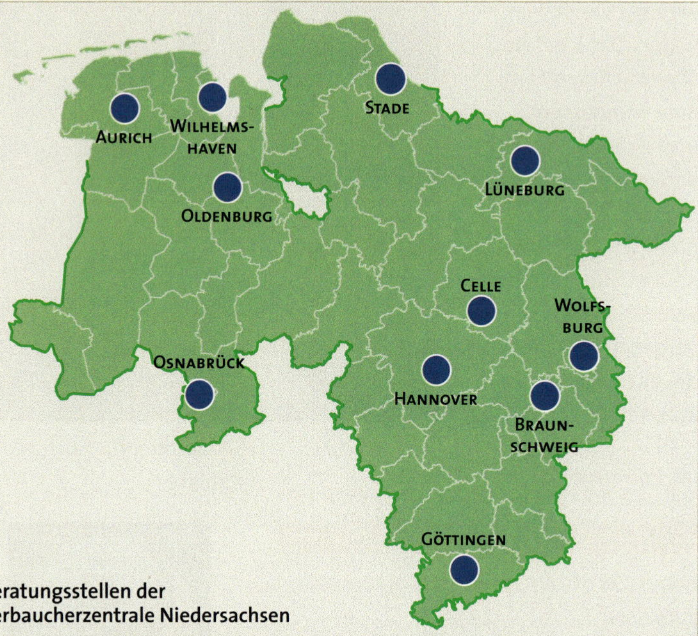

Beratungsstellen der Verbaucherzentrale Niedersachsen

Das bietet die Verbraucherzentrale Niedersachsen:

- 11 Beratungsstellen
- Online-Beratung
- Telefonische Beratung
- 58 Energieberatungsstützpunkte

Beraten und informieren

Dem Verbraucher begegnet ein vielfältiges Warenangebot – leicht geht da der Überblick verloren. Jedes Bundesland hat deshalb eine eigene Verbraucherzentrale mit Beratungsstellen in allen größeren Städten.

Zu den Aufgaben der **Verbraucherzentralen** gehören Kaufberatung (z.B. Informationen mit Testergebnissen von Stiftung Warentest), Hilfe bei Reklamationen, Beratung bei Geldgeschäften und die Schuldnerberatung. Neben der Beratung und Information weisen die Verbraucherzentralen z.B. auch auf Lücken beim Verbraucherschutz hin. Sie setzen sich für Verbesserungen bei den Verbraucherschutzgesetzen ein oder führen Musterprozesse zur Klärung von Verbraucherangelegenheiten.

Weitere unabhängige Institutionen, die sich der **Verbraucherberatung** widmen, sind z.B. Mietervereine oder die Stiftung Warentest. Daneben veröffentlichen auch private Anbieter Verbraucherinformationen in den Massenmedien.

M 2 Smartphone-Tarife

Im Testheft der Stiftung Warentest heißt es im Oktober 2015:

... Mit einer Flatrate können Handynutzer sorglos plaudern und surfen. Doch nicht jeder nutzt die unbegrenzte Freiheit. Mit einem Volumentarif kann er mehr sparen als mit der günstigsten Flatrate. Unendlich lange telefonieren, unbegrenzt simsen, pausenlos surfen und einmal im Monat bezahlen – das wars. Solche Pauschalpreise machen die Sache übersichtlich.

Doch die Preise unterscheiden sich enorm: 30 Euro im Monat liegen im Tarifvergleich zwischen der teuersten und der billigsten Dreifach-Flatrate. Die günstigen gibts ab 14,95 Euro. Manche Nutzer sind mit solchen Rundum-sorglos-Paketen allerdings überversorgt. Sie können mit Volumentarifen ab 9,95 Euro jeden Monat noch mehr sparen.

Für Bequeme und für Genaue

Smartphone-Besitzer haben ein unterschiedliches Temperament: Der eine will sorglos drauflostelefonieren und nicht nachrechnen, wie viele Minuten er spricht. Für ihn ist eine Dreifach-Flatrate das Richtige (Tabelle S. 45). Der andere hat eine recht klare Vorstellung, wie viel er im Monat telefoniert, und will dafür keinen Cent zu viel bezahlen. Er kann mit einem Volumentarif weit günstiger fahren. ... Der enthält eine begrenzte Zahl Gesprächsminuten und SMS. Wir zeigen günstige Tarife für beide Varianten. ...

Billig oder flexibel

Die Mindestlaufzeit ist ein wichtiges Kriterium bei der Wahl des Tarifs. Oft sind Verträge mit 24 Monaten Laufzeit preisgünstiger als solche mit kürzerer Bindung. Sie halten den Kunden aber auch entsprechend lange. ...

Von maßvoll bis unbegrenzt, Stiftung Warentest Berlin, Testheft 10/2015 S. 42/43

Funknetze und Surfen mit maximaler Geschwindigkeit bis mindestens 1000 Megabyte Datenvolumen

Anbieter (Netz)	Tarifname + Optionen	Preis pro Monat (Euro)	Bereitstellungspreis (Euro)	Vertragsart / Mindestlaufzeit (Monate)	Enthaltene Gesprächsminuten / SMS	Preis pro weitere Gesprächsminute / SMS (Cent)	Enthaltenes Datenvolumen (MB)	Maximale Downloadgeschwindigkeit (Kbit/s)
Expressmobil (0_2)	Expressmobil + Clever L	**9,95**	9,95	Prepaid /1	200/200	6/6	1000	7200
N-tv go! (0_2)	N-tv go! + Clever 1	**9,95**	9,95	Prepaid / 1	200/200	6/6	1000	7200
Vourfone (0_2)	8 Cent Prepaid + Clever L	**9,95**	9,95	Prepaid / 1	200/200	8/8	1000	7200
BugSim(0_2)	All-in 1000	**12,95**	1995	Postpaid /1	250/250	15/15	1000	7200
DeutschiandSim (0_2)	Smart 1000[1]	**12,95**	1995	Postpaid / 1	250/250	15/ 15	1000	7200
Maxxim (0_2)	All-in 1000 plus[2]	**12,95**	19,95	Postpaid /1	250/250	15/ 15	1000	7200
PremiumSim (0_2)	Smart 1000	**12,95**	19,95	Postpaid / 24	250/250	15/15	1000	7200
Weltbild Mobil (0_2)	Alles-Drin 1000	**12,95**	19,95	Postpaid /1	250/250	15/15	1000	7200
Simyo(E-Plus)	All-On XL	**15,90**	19,90	Postpaid/24[3]	400	9/9	1000	7200[4]
Tui Connect (0_2)	Tui Connect S + Alinet Flat	**17,98**	29,99	Postpaid/ 24[3]	3000	9/9	1000	7200
Congstar (Dl)	Prepaid wie ich will + Minuten Option 300 + SMS Option 100 + Surf Flat Option 1000	**19,00**	9,99	Prepaid / 1	300/ 100	9/9	1000	14400
Blau (E-Plus)	9 Cent Tarif + Smart-Option + Internet-Flat 1 GB	**19,80**	9,90	Prepaid / 1	200 / 200	9/9	1000	7200
NettoKom (E-Plus)	9 Cent Tarif + Spar-Paket 450 + Internet-Flat 1 GB	**19,89**	5,00	Prepaid / 1	450	9[7] /9	1000	7200
Tchibo (02)	Smartphone-Tarif + Internet-Flatrate 1 GB	**19,90**	9,95	Postpaid / 1	200/200	9/9	1000	7200
MoWoTel (D2)	Easy S + Upgrade 1 GB	**24,90**	24,95	Postpaid /24	500	15/15	1000 -	7200
Nyze (E-Phis)	Nyze L + 250 Einheiten	**24,90[5]**	0,00	Postpaid / 24	500	19/19	1500	7200
Smartmobil.de(D2)	All-in XL + Handysurl Flatrate 1 GB[6]	**24,90**	19,95	Postpaid / 1	250/250	15/15	1000	7200
SDT Telecom (0_2)	Small Flat 250 + Internet-Flat 1 GB	**24,95**	24,95	Postpaid / 12	250/100	9[7]/ 10	1000	7200
FrischFunk (0_2)	Start 500± Daten Upgrade 1 GB	**24,98**	0,00	Postpaid / 24	500	9/9	1250	14400
Otelo (D2)	Allnet Basic S + 1 GB Datenupgrade	**24,98**	24,99	Postpaid / 24	500	9/9	1250	14400
Smile mobile (D2)	Smile S + Daten Upgrade 1 GB	**24,98**	24,99	Postpaid/24	500	9/9	1250	14400

Preis pro Monat inklusive Mehrwertsteuer. Nutzung innerhalb Deutschlands. Bei gleichem Preis pro Monat Reihenfolge nach Alphabet. Angaben laut Anbieterwebsite ohne Versandkosten. Kurzfristige Aktionspreise und Onlinerabatte wurden nicht berücksichtigt.

1) Gleicher Tarif auch bei DiscoPlus und WinSim erhältlich.
2) Gleicher Tarif auch bei Phonex erhältlich.
3) Auch als Vertrag mit 1 Monat Laufzeit zu höheren Kosten erhältlich
4) Bis 31. Dezember 2015 42200 Kbit/s.
5) In den ersten 12 Monaten 19,90 Euro pro Monat. Danach 24,90 Euro im Monat.
6) Gleicher Tarif auch bei McSim erhältlich.
7) Gespräche zwischen Teilnehmern mit dem gleichen Tarif sind kostenlos.

Stand: 4. September 2015

M3 Auszug aus dem Testheft der Stiftung Warentest, Heft 10/15, S. 44

Staatlicher Schutz für Verbraucher

„Bei uns ist der Kunde König!" – Diese Versprechen geben Unternehmen oft, wenn sie ihren Service und ihre Produkte anpreisen. Doch die Wirklichkeit sieht ganz anders aus. Deshalb hat der Gesetzgeber Gesetze und Regelungen zum **Verbraucherschutz** erlassen, die Verbraucher informieren und vor Benachteiligungen schützen sollen. Dazu gehören z.B.:

Verbraucherrechte bei Verträgen: Bedingungen, die Kunden deutlich benachteiligen, sind verboten. So kann z.B. die gesetzliche Gewährleistung nicht verkürzt werden.

Vorschriften zur Kennzeichnung: Diese Vorschriften gelten für alle Staaten der Europäischen Union (EU). Damit sollen Kaufentscheidungen erleichtert und Verbraucher vor Täuschungen geschützt werden. So müssen z.B. bei verpackten Lebensmitteln die Zutaten angegeben werden, gentechnisch veränderte Zutaten müssen gekennzeichnet sein und es muss ein Preis für 100 g oder für ein Kilogramm genannt werden. Bei Haushaltsgeräten müssen Energie- und Wasserverbrauch angegeben sein (EU-Label).

Produkthaftung: Für Schäden durch ein fehlerhaftes Produkt haftet der Hersteller.

Verbot unlauterer Verkaufspraktiken: Verboten ist z.B. Werbung per Telefon oder mit Lockvogelangeboten. ...

1 Begründet, warum es unabhängige Informationsquellen für Verbraucher geben muss.

2 Informiert euch über die Arbeit einer Verbraucherzentrale in der Nähe eures Wohnortes. Vereinbart einen Termin.

3 Erarbeitet mithilfe von M2 und M3 eine Entscheidung für einen Telefontarif. Notiert zuvor, welche Dienste ihr wirklich benötigt.

Tanja kauft ein Handy

M1 Tanja

„Hallo, ich bin Tanja. Endlich ist es so weit, ich kann mir mein Wunsch-Handy kaufen. Dafür habe ich mein Geburtstagsgeld gespart. Die laufenden Kosten muss ich von meinem Taschengeld bezahlen. Deshalb nehme ich eins mit Guthabenkarte. Da behalte ich besser den Überblick."

Tanja kauft ihr Wunsch-Handy

Nachdem Tanja ihre Entscheidung getroffen hat, ist der Kauf schnell abgewickelt. Der normale Einkauf ist für uns eine selbstverständliche Angelegenheit. Der eigentliche Kauf ist meist schnell abgewickelt, schwierig sind die Überlegungen vor der Kaufentscheidung. Man sollte sich immer gut informieren.
Bevor Tanja sich für ein bestimmtes Handy entschieden hat, hat sie sich umfassend informiert. Zunächst einmal musste sie sich überlegen, welche Funktionen ihr Wunsch-Handy haben sollte. Auch ein Mobilfunknetz musste ausgewählt werden. Neben den Händlern und Mobilfunkbetreibern bieten auch die Verbraucherzentralen und die Stiftung Warentest aktuelle Informationen und Testberichte an.

Im Laden

VERKÄUFER: „Hast du dich für ein Modell entschieden?"
TANJA: „Nachdem ich noch einmal darüber geschlafen habe, nehme ich doch das Modell XY. Das kleinere Handy passt besser zu mir."
VERKÄUFER: „Also das Modell XY zu 99 Euro. Die genaue Beschreibung und Bedienungsanleitung lege ich mit dem Gerät in die Schachtel. Möchtest du eine Tüte oder geht es so?"
TANJA: „Ich glaube, eine Tüte ist besser. Hier ist das Geld."
VERKÄUFER: „Und einen Euro zurück. Den Kassenbon hefte ich mit der Garantiebescheinigung zusammen. Bitte für alle Fälle sorgfältig aufbewahren."

M3 „Taschengeldparagraf"
§ 110 Bürgerliches Gesetzbuch (BGB)

Ein von dem Minderjährigen ohne Zustimmung des gesetzlichen Vertreters geschlossener Vertrag gilt als von Anfang an wirksam, wenn der Minderjährige die vertragsmäßige Leistung mit Mitteln bewirkt, die ihm zu diesem Zweck oder zu freier Verfügung von dem Vertreter oder mit dessen Zustimmung von einem Dritten überlassen worden sind.

M2 Screenshot der Smartphone-Kaufberatung.

Ein Angebot auf der Internetseite http://beratungsportal.de. Das Portal wird gefördert vom Bundesministerium für Wirtschaft und Technologie. Nach elf gezielten Fragen zum Wunschhandy erfolgt eine Auswertung mit entsprechenden Kaufempfehlungen.

M 4 Fallbeispiele

Olga hat von ihren Großeltern 300 Euro geschenkt bekommen. „Kauf dir damit etwas Schönes!" Olga kauft sich den lange ersehnten MP3-Player für 299 Euro. Als ihre Eltern dies bemerken, sind sie entsetzt: „300 Euro nur, um unterwegs Musik hören zu können! Bring das Gerät wieder ins Geschäft und verlange das Geld zurück!", forderten sie. Olga weigert sich.

Ercan ist 14 und kauft sich von seinem Taschengeld ein neues Puma-T-Shirt für 25 Euro. Sein Vater meint: „So eine Geldverschwendung. Bei C&A bekommt man für das Geld drei T-Shirts." Der Vater geht zum Händler und verlangt, dass er das Puma-T-Shirt zurücknimmt. Der Händler aber weigert sich.

Der 13-jährige **Nico** erhält von seiner Mutter 50 Euro, von denen er sich neue Schuhe kaufen soll. Tatsächlich aber kauft er sich ein Paar Schuhe für 145 Euro und legt das restliche Geld aus seiner Spardose dazu. Als die Mutter dies bemerkt, will sie die Schuhe zurückgeben. Der Schuhverkäufer aber weigert sich, da die Schuhe schon einmal getragen sind.

Der Kauf – ein Rechtsgeschäft

Kaufgeschäfte gehören zu unserem Alltag. Und doch ist jeder Kauf ein Rechtsgeschäft. Beteiligt sind zwei geschäftsfähige Personen: der Verkäufer und der Käufer. Sie schließen einen Kaufvertrag. Ein Kaufvertrag muss nicht schriftlich formuliert werden. Rechtskräftige Verträge können auch mündlich geschlossen werden. Damit der Kaufvertrag zustande kommt, müssen der Verkäufer und der Käufer deutlich ihren Willen zum Verkauf bzw. zum Kauf abgeben. In der Rechtssprache werden diese Erklärungen Antrag und Annahme genannt.

Kinder ab sieben Jahren und Jugendliche sind nur beschränkt geschäftsfähig. Die meisten Rechtsgeschäfte kommen deshalb nur zustande, wenn die gesetzlichen Vertreter, normalerweise also die Eltern, einwilligen. Ansonsten sind die Verträge nichtig, also ungültig.

Die wichtigste Ausnahme ist der sogenannte Taschengeldparagraf (§ 110 BGB), der Minderjährigen im Alter von 7 bis 17 Jahren eine gewisse „Kauffreiheit" gewährt. Ratenkäufe, Handyverträge, Mietverträge und Zeitschriftenabonnements fallen aber nicht darunter.

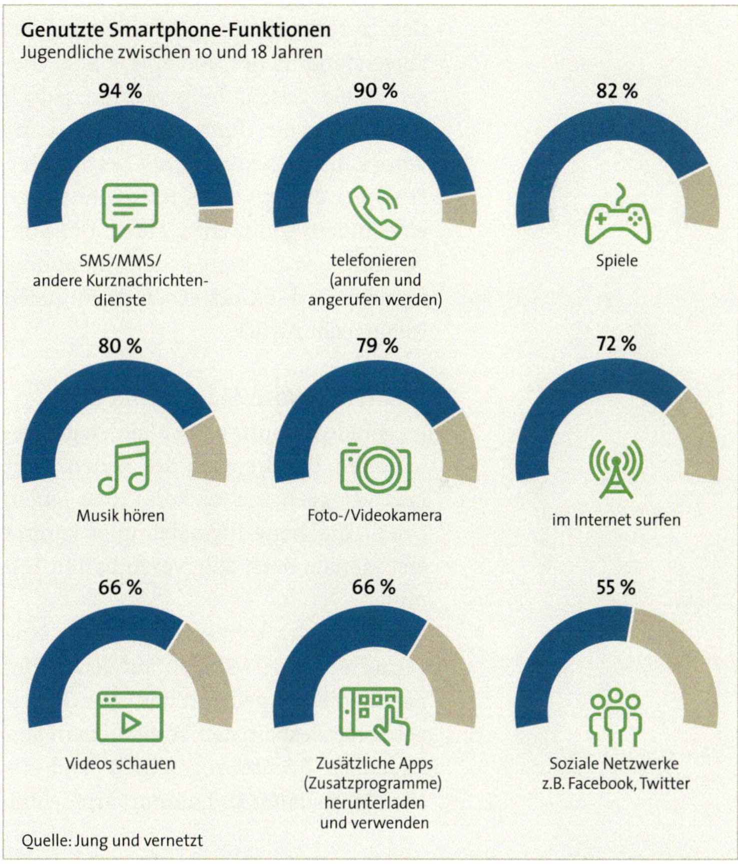

M 5 Genutzte Handy- bzw. Smartphonefunktionen. Basis: 637 Kinder und Jugendliche zwischen 10 und 18 Jahren, die ein Handy oder Smartphone nutzen, Studie: BITKOM 2014

1 Erstellt eine Liste mit den Eigenschaften, die euer Wunsch-Handy haben sollte. Vergleicht eure Ergebnisse mit **M 5**.

2 Erklärt in eigenen Worten, wie ein Kaufvertrag geschlossen wird.

3 Erläutert den „Taschengeldparagrafen" mit eigenen Worten. Prüft die Fälle in **M 4** mithilfe des §110 (BGB) (**M 3**)und entscheidet jeweils, ob der Kaufvertrag gültig oder nichtig ist.

4 a Nennt Möglichkeiten, wie sich Tanja informieren kann. Erklärt auch, was sie dabei beachten sollte.

b Könnte **M 2** eine geeignete Informationsquelle sein? Begründet eure Entscheidung.

Widerruf und Umtausch

Bei schriftlichen Kaufverträgen gibt es in der Regel eine Frist, in der man ohne nachteilige Folgen vom Kauf zurücktreten kann. Dadurch soll verhindert werden, dass man sich zu einem Kauf überreden lässt, ohne darüber in Ruhe nachzudenken, z.B. bei Haustürgeschäften.

In Tanjas Fall (siehe Seite 94) hätte sie nicht die Möglichkeit, das Handy am nächsten Tag zurückzubringen und ihr Geld zurückzufordern. Sie wäre auf das Einverständnis des Verkäufers angewiesen. Viele Geschäfte gewähren jedoch von sich aus ein Umtauschrecht, d.h., die Ware kann (innerhalb einer bestimmten Frist) bei Vorlage des Kassenbons gegen eine andere getauscht werden. Der Kunde kann zwar die Ware gegen eine andere tauschen – das Geld erhält er in vielen Fällen nicht zurück.

Wenn die Ware Mängel hat ...

Im gerade gekauften Buch fehlen mehrere Seiten, die Bremsen des neuen Fahrrads versagen und es kommt zu einem Unfall, das neue Jugendzimmer kommt erst Monate nach dem vereinbarten Termin.

Immer wieder kommt es vor, dass eine gekaufte Ware Mängel aufweist oder nicht pünktlich geliefert wird. Der Gesetzgeber hat deshalb den Verbrauchern verschiedene Rechte zugesichert und die Händler zu deren Einhaltung verpflichtet.

Die Gewährleistungspflicht

1. Verkäufer sind verpflichtet, für Mängel an der Ware zu haften. Man nennt das **Gewährleistung**. Das Geschäft muss dafür geradestehen, dass die verkaufte Ware keine Mängel hat. Die Gewährleistungspflicht ist unabhängig davon, wer letztendlich für den Mangel verantwortlich ist. Für das Geschäft besteht z.B. wiederum die Möglichkeit, mit der Gewährleistungspflicht den Hersteller haftbar zu machen.
2. Käufer können ...
   ... mangelhafte Waren gegen Barerstattung des Kaufpreises zurückgeben (**vom Kaufvertrag zurücktreten**). Juristen benutzen dafür den Begriff **Wandlung**, weil dies eine Rückwandlung des Vertrages darstellt.
   ... eine mangelfreie Ersatzlieferung fordern, d.h. ein einwandfreies Produkt als Ersatz für das mit Mängeln behaftete.
   ... eine **Nachbesserung** (Nacherfüllung) verlangen (etwa durch Reparaturen).
   ... das fehlerhafte Produkt behalten, aber eine angemessene Preisminderung verlangen (Minderung).
3. Käufer können als Ersatz für entstandene Aufwendungen **Schadenersatz** verlangen.
4. Die Gewährleistungsfrist (Garantiefrist) beträgt zwei Jahre, beim Kauf von Gebrauchtwagen mindestens ein Jahr.
5. Verkäufer müssen eine mangelhafte Ware nicht zurücknehmen, wenn der Käufer den Fehler beim Kauf kannte.
6. Verkäufer dürfen die Rücknahme einer mangelhaften Ware nicht ausschließen, z.B. durch ein Schild: „Rücknahme der Ware ausgeschlossen". Sie haben aber das Recht, zunächst eine für den Kunden kostenlose Reparatur zu versuchen. Dem Kunden sind jedoch in der Regel nur zwei fehlgeschlagene Nachbesserungsversuche zumutbar.
7. Bei **Online-Käufen** gelten kundenfreundlichere gesetzliche Regelungen, z.B. garantiert das Fernhandelsabsatzgesetz ein **14-tägiges Rücktritts- und Rückgaberecht**. Dies gilt – nach einem aktuellen Gerichtsurteil – auch für von Händlern bei Online-Auktionen erworbene Waren.

Ob als Kunde oder Verkäufer: Wichtig ist bei Reklamationen der richtige Umgangston. Mit freundlichem Auftreten

erreicht man bei Reklamationen oder Preisverhandlungen mehr. Ein Kunde mit Verhandlungsgeschick kann eventuell, auch wenn keine Ansprüche aus Gewährleistung oder Garantie mehr bestehen, ein Entgegenkommen des Händlers bewirken (**Kulanz**).

M 1 MP3-Player immer wieder kaputt

... Du hast dir vor fünf Monaten einen relativ teuren MP3-Player gekauft. Das Ding ist ständig kaputt! Einmal konnte man nicht richtig von Stück zu Stück skippen, dann war der Ton weg, jetzt hat der Kopfhörer einen Wackelkontakt. Das Geschäft hat das Teil zwar jedes Mal kostenlos repariert, aber das dauerte immer eine Ewigkeit. Zusammengerechnet war das Gerät inzwischen drei Monate in Reparatur. Musst du das hinnehmen oder kannst du dich dagegen wehren?
Rechtlich gesehen muss man es akzeptieren, wenn der Verkäufer ein defektes Gerät innerhalb der vorgeschriebenen zwei Jahre nachbessern, d.h. reparieren will.
Aber der Verkäufer darf das trotzdem nicht beliebig oft versuchen. Nach dem Gesetz kann er grundsätzlich zweimal nachbessern oder dir einmal das gleiche Gerät anbieten – diesmal natürlich ohne Fehler. Wichtig ist: Die Nachbesserung muss der Verkäufer bezahlen. Es ist unzulässig, dass dem Käufer beispielsweise Kosten für Porto, Ersatzteile o.Ä. in Rechnung gestellt werden. In deinem Fall kannst du also mit gutem Recht vom Vertrag zurücktreten. Einen weiteren Nachbesserungsversuch musst du nicht dulden.

https://www.checked4you.de/rechte_als_kaeufer_beispiele (Zugriff: 17.10.2015) Das Online-Jugendmagazin der Verbraucherzentrale Nordrhein-Westfalen

1 Erstellt mithilfe des Textes in Partnerarbeit eine Liste über die Rechte von Verbrauchern zusammen, die sie haben, wenn eine gekaufte Ware Mängel aufweist oder nicht funktioniert.

2 Der neu gekaufte Kühlschrank eurer Eltern kühlt nach vier Wochen nicht mehr richtig. Erarbeitet einen Ratschlag für eure Eltern.

3 Untersucht den Fall in **M 1** und entwickelt daraus ein Rollenspiel.

4 Achtet beim Einkaufen in großen Handelsketten auf die Informationen über die Rückgaberechte bei gekauften Waren und berichtet der Klasse.

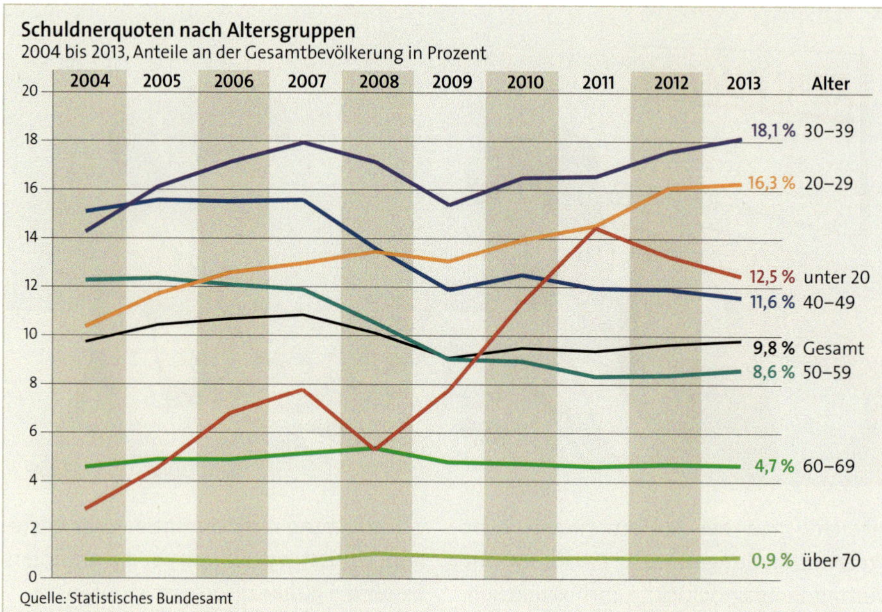

M1 Schulden in der Gesellschaft

M2 Jugendliche in der Schuldenfalle

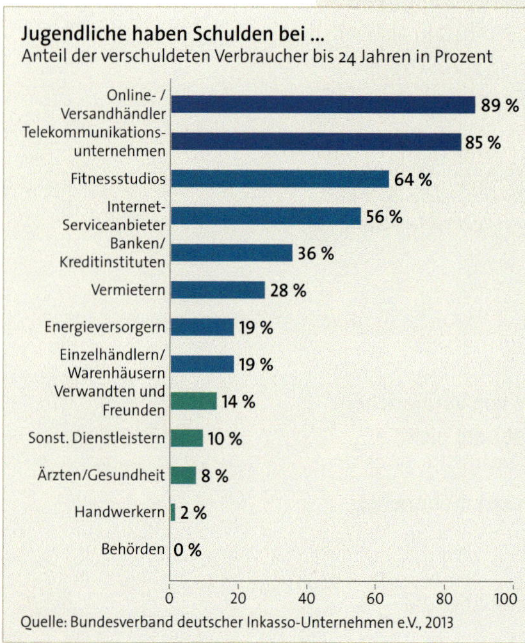

M3 Schuldenfalle

... Wie schnell man in den Miesen landet, das hätten Fabian und Jannik nicht gedacht. Sie verdienten ordentlich, konnten sich Smartphone, Reisen, Auto leisten, Fabian hatte ein WG-Zimmer gemietet, Jannik eine kleine Wohnung. Aber sie versuchten sich im Glücksspiel – und verloren. „Plötzlich hatten wir 700 Euro Schulden", sagt Fabian. Die Bank verlangte Zinsen. „Da kamen wir dann einfach nicht wieder raus."

Zum Glück für die beiden Gesamtschüler war die Schuldenfalle nur simuliert: Fit for finance heißt das Spiel, mit dem Wirtschaftsstudenten der Universität Münster Jugendliche wie den 15-jährigen Fabian und den 16-jährigen Jannik und ihre Mitschüler aus einer neunten Klasse ... auf den Umgang mit Geld vorbereiten möchten. ...

Tatsächlich haben viele junge Menschen Geldprobleme. Über 30 000 Menschen im Alter von 18 bis 25 haben im vergangenen Jahr eine Schuldnerberatung aufgesucht. Im Schnitt, so das Statistische Bundesamt, hatten sie etwa 8000 Euro Schulden. Allein die offene Mobilfunkrechnung belief sich bei vielen auf ein Mehrfaches ihrer Monatseinkünfte. ...

Brisant ist auch die Ursache dieser Notlage. Während Ältere meist durch eine gescheiterte Selbstständigkeit, Arbeitslosigkeit oder den Tod des Partners in die Überschuldung geraten, konsumieren junge Leute einfach zu viel. Sie shoppen ohne Rücksicht aufs Konto, schließen Verträge mit Fitnessstudios und Mobilfunkanbietern, bestellen Abos, geben in Computerspielen mehr Geld aus, als sie haben. ...

Friedmann Bieber: Vorsicht, Schuldenfallen, in: Zeit Geld 2015 Hamburg Nr. 3, S.20, Zeit-Verlag Hamburg

M 3 Gefährliche Verträge

Katrin Fischer von der Augsburger Allgemeinen führte im Oktober 2014 ein Gespräch mit einem Schuldenberater:

F: Warum sind es ausgerechnet Handyverträge, die Jugendlichen Probleme bereiten?

Mobilfunkanbieter gehen häufig sehr lax mit neuen Kunden um. Eine junge Studentin kann in einen Laden gehen und sagen, sie möchte einen Handyvertrag, und bekommt ihn oft ohne intensive Prüfung. Oft sind es auch Geschenke oder andere Reizangebote, die Jugendliche anlocken. Häufig ist ihnen nicht klar, dass diese Kosten von den Anbietern über den Vertrag mit einer Pflichtlaufzeit wieder reingeholt werden.

Sind die Schulden dann erst einmal angesammelt, sind diese Gläubiger nach meinen Erfahrungen weniger vergleichsbereit. Sie drängen oft so lange darauf, den kompletten Betrag zu bekommen, bis sie merken, dass bei den jungen Schuldnern nichts zu holen ist. Im Ernstfall kann es passieren, dass diese mit 18 oder 19 Jahren schon Verbraucherinsolvenz* anmelden müssen. Das ist aber erst das allerletzte Mittel.

F: Wenn jeder problemlos einen Handyvertrag abschließen kann, gilt das nicht auch für Bestellungen im Internet? Wo hakt es noch?

Spontan würde ich sagen, das ist der zweite große Problempunkt. Ich habe auch häufig mit Hilfesuchenden zu tun, die beispielsweise zu viele Klamotten und Schuhe bestellt haben. Die Hemmschwelle ist einfach nicht mehr so groß wie früher, weil auch hier die Prüfung durch die Anbieter kaum stattfindet. ...

Kartrin Fischer: Jugendliche in der Schuldenfalle, Augsburger Allgemeine, 22.10.2014 http://www.augsburger-allgemeine.de/jugend/Jugendliche-in-der-Schuldenfalle-id31770557.html (Zugriff: 20.10.2015)

* **Verbraucherinsolvenz** private Zahlungsunfähigkeit

Schulden vermeiden

Auch als Schülerinnen und Schüler kann man mit der Beachtung einfacher Regeln Schulden vermeiden.

1. Notiert in einem Heft auf der linken Seite eure **Einnahmen** für einen Monat: z. B. regelmäßiges Taschengeld, Geldgeschenke von Verwandten, ...
2. Notiert auf der rechten Seite eure **Ausgaben**, möglichst genau. Dadurch wird deutlich, dass ihr euch bestimmte Dinge nur leisten könnt, wenn der Betrag der Einnahmen höher ist als der der Ausgaben.
3. Leiht euch auch kurzfristig kein Geld von Mitschülerinnen und Mitschülern, wenn ihr etwas kaufen wollt, was durch eure Einnahmen nicht finanzierbar ist.
4. Kauft eine Ware, einen Gegenstand erst, wenn ihr den dafür nötigen Betrag angespart habt.
5. Lasst euch von Lockangeboten nicht zum Schuldenmachen verführen, auch wenn das Angebot noch so günstig erscheint.

1 Berichtet euch gegenseitig, ob ihr schon einmal Schulden hattet und wie ihr sie wieder losgeworden seid.

2 Wertet **M 1** aus. Verfolgt zunächst die rote Linie.

3 Untersucht **M 2** und notiert die Ursachen für die Verschuldung von Jugendlichen.

4 Erläutert, warum Mobilfunkverträge für Jugendliche „gefährliche“ Verträge sein können (**M 3**).

5 Lest den Text „Schulden vermeiden“ und erarbeitet weitere Punkte aus eurer eigenen Erfahrung.

M 1 Wichtige Begriffe

- Bedürfnisse
- Bedarf
- Einkommen
- Geld
- Konsum
- Konsumrisiken
- Kaufvertrag
- Marktmodell
- Preisbildung
- Wirtschaftskreislauf

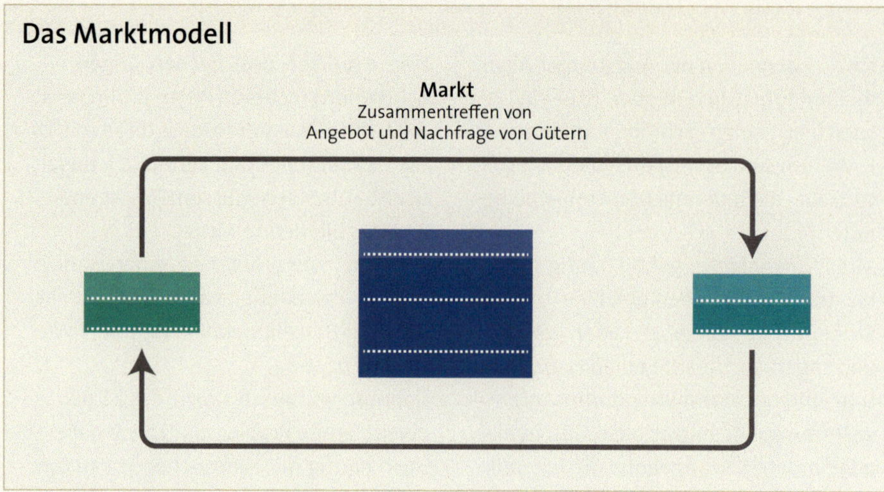

M 2 Marktmodell

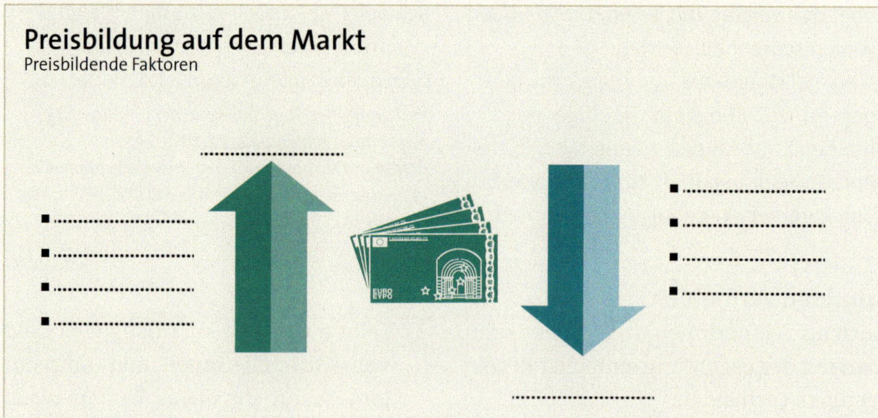

M 3 Preisbildung

M 4 Der Fall: Der neue Blu-Ray-Player

„Das fängt ja gut an", schimpft Ina. Sie hat sich gemeinsam mit ihren Eltern einen neuen Blu-Ray-Player bei einem Internet-Händler gekauft. Doch obwohl sie das Gerät ordnungsgemäß angeschlossen hat, gibt es keinen Ton von sich. Sie ruft beim Händler an, doch dieser sagt ihr: „Kein Ton? Das kommt bei diesem Modell ständig vor. Du musst es uns zur Reparatur einsenden. Es dauert dann vier bis acht Wochen. Porto und Arbeitslohn musst du natürlich auch bezahlen." Ina ist sauer. Ihre Freundin kommt am Wochenende und sie wollten gemeinsam einen Film auf dem Blu-Ray-Player ansehen.

Pressekompass: Eine Uniform für die Schule?

Nicht jeder kann oder will sich teure Markenklamotten leisten. Doch gerade in der Schule kommt es deswegen häufig zu Mobbing. Kann eine Schuluniform dieses Problem lösen? Wo würdest du dich einordnen?

Den Pressekompass sowie ein Arbeitsblatt findest du unter dem Webcode PE400001-100

CHECK UP

M5 Der Trend „Fast Fashion"

Die Journalistin Sarah Zerback berichtete im Juli 2015 im Deutschlandfunk:

... Mehr Kollektionen mit kürzerer modischer Haltbarkeit: Ein geschickter Schachzug der Modeindustrie, um öfter, mehr zu verkaufen. Auch Jugendkulturforscher Philipp Ikrath sieht diese Entwicklung kritisch. Zwar sei die Kaufkraft der Jugendlichen so hoch wie noch nie, weil sie im Schnitt noch nie so viel Geld zur Verfügung hatten wie heute, aber sie hatten auch noch nie so viele Schulden – vor allem wegen regelrechter Shoppingexzesse. „Diese Form der veränderten Produktzyklen hat natürlich den Einfluss, dass der Konsumdruck auf Jugendliche immer größer wird. Auch wenn man vor zehn oder zwanzig Jahren schon unterstellt hätte, dass es jungen Leuten wichtig wäre, immer das Neueste zu haben, so ist heute ja schon das Neueste da, wenn das Neue noch kaum veraltet ist. Das ist sicher ein großes Problem, vor allem für finanziell nicht so gut dastehende Jugendliche, die sich diesem Konsumdruck zwar nicht entziehen können, sich das aber eigentlich nicht leisten können."

Die Anfänge des Phänomens „Fast Fashion" – also viel für schnelles Geld – reichen zurück in die Mitte der Neunzigerjahre. Angefangen mit dem Aufkommen großer Modeketten, ist Fast Fashion mittlerweile zum feststehenden ökonomischen Begriff geworden. Es ist die Geschwindigkeit, mit der heutzutage neue Ware produziert werden kann. Der Gewinn wird hier über die Masse gemacht und nicht über den Preis. Mode muss für Jugendliche vor allem gut aussehen und billig sein, das belegt eine aktuelle Greenpeace-Studie. Auch wenn die Konsumlaune besser denn je ist, schauen die meisten Konsumenten auf den Preis, nicht primär auf Qualität oder Moral. ...

Sarah Zerback: Konsumverhalten von Jugendlichen Kaufkraft ohne Moral? Deutschlandfunk 31.7.2015 http://www.deutschlandfunk.de/konsumverhalten-von-jugendlichen-kaufkraft-ohne-moral.724.de.html?dram:article_id=327063

M6 Werbung

Sachkompetenz

1 Erklärt euch gegenseitig die wichtigen Begriffe und notiert ihre Bedeutung (M1).

2 Beschreibt unterschiedliche Einkommensquellen und ihre Verwendungsmöglichkeiten.

3 Nennt Faktoren, die das Konsumverhalten von Jugendlichen beeinflussen.
Nennt wichtige gesetzliche Bestimmungen, die das Einkaufen von Jugendlichen regeln.

4 Beschreibt die Funktionen von Märkten und Preisen.

Methodenkompetenz

5 Übertragt **M2** und **M3** in eure Arbeitsmappe und erklärt den Wirtschaftskreislauf.

6 Erläutert, wie der Markt und die Preisbildung funktionieren.
Erklärt Marketingstrategien von einer Werbekampagne, die euch gut gefallen hat, und nennt die Kommunikationskanäle (**M5**, **M6**).

7 Untersucht **M4** und was Ina in diesem Fall machen kann. Welche gesetzlichen Bestimmungen greifen?

Urteilskompetenz

8 Erarbeitet die Aussagen von **M5** und überprüft im Gespräch untereinander, welche Kriterien ihr beim Einkauf von Kleidung anlegt. Spielt die Situation im Herstellungsland eine Rolle?

9 „Der Markt regelt alles besser." Überprüft diese Aussage an Beispielen (Warenmarkt, Wohnungsmarkt, Gesundheitsmarkt).

KAPITEL 3

Recht und Gerechtigkeit

Die Bronzestatue der Göttin Justitia mit einer Waage in der Hand ziert den Gerechtigkeitsbrunnen auf dem Frankfurter Römerberg. Noch immer, wie damals bei den Römern, drückt die Statue aus, worum es beim Thema „Justiz" geht, nämlich: um Recht und Gerechtigkeit.

In diesem Kapitel könnt ihr herausfinden,

- *welche Aufgaben der Rechtsstaat erfüllt,*
- *welche Rechte und Pflichten Jugendliche haben,*
- *wie die Grundrechte unsere persönliche Freiheit sichern,*
- *wie die Jugendgerichtsbarkeit funktioniert.*

Was ihr sonst noch machen könnt ...

- *in den lokalen Massenmedien Berichte über Gerichtsverfahren verfolgen und die Klasse darüber informieren.*

Darf man eigentlich gar nichts?

M 1 Höchste Zeit!

Darf man gar nichts?

Auch der Alltag von Jugendlichen ist, ohne dass sie sich dessen immer bewusst sind, von zahlreichen **Rechtsregeln** (Gesetzen) bestimmt.

1758 veröffentlichte der Franzose Jean-Jacques Rousseau ein Buch mit dem Titel „Der Gesellschaftsvertrag". Der erste Satz des ersten Kapitels lautet (übersetzt): „Der Mensch wird frei geboren, und zugleich liegt er in Ketten." Dieser Satz ist heute noch aktuell. Mühelos könnte jeder von uns aufzählen, wie unser Leben durch Verbote und staatliche Bestimmungen geregelt und oft eingeschränkt wird. Das beginnt für Schülerinnen und Schüler schon auf dem Weg zur Schule, geht weiter im Bus, im Schulgebäude, in der Pause und endet noch nicht mit der Ankunft zu Hause (Schulgesetz, Verkehrsgesetze).

M 2 Feiern und Ausgehen

„Die anderen dürfen aber auch bis nach 24 Uhr bleiben!" – Die Frustration* von Jugendlichen ist groß, wenn Eltern ihnen zeitliche Grenzen setzen oder sogar eine „Ausgangssperre" verhängen. Mitunter dürfen die Freunde und Bekannten der Jugendlichen länger ausbleiben und der wöchentliche Kampf um ein längeres abendliches Fortbleiben scheint ununterbrochen programmiert zu sein.

Jugendliche unter 14 Jahren dürfen grundsätzlich keine Diskotheken oder anderen Gaststätten ohne Begleitung eines Erwachsenen besuchen. Anerkannte Träger der Jugendhilfe (z. B. Jugendtreff) dürfen jedoch altersgerechte Tanzveranstaltungen anbieten, an denen auch unter 14-Jährige bis 22 Uhr teilnehmen dürfen.

Die Ausgehzeiten und Gaststättenaufenthalte von Jugendlichen sind genau geregelt. So dürfen sich Jugendliche unter 16 Jahren grundsätzlich nur in Begleitung eines Erwachsenen in einer Gaststätte aufhalten. Auch die Teilnahme an

* **Frustration**
Enttäuschung infolge eines (erzwungenen bzw. durch eine andere Person verursachten) Verzichts

einer öffentlichen Tanzveranstaltung – sprich: der Besuch einer Diskothek – ist ohne eine Begleitperson nicht erlaubt. Jugendliche, die älter als 16 Jahre, aber noch unter 18 Jahren sind, dürfen eine Diskothek bis 24 Uhr besuchen. Möchten sie länger bleiben, benötigen sie eine erwachsene Begleitperson.
Dasselbe gilt für Kinobesuche: So dürfen sich unter 14-Jährige bis 20 Uhr, unter 16-Jährige bis 22 Uhr und unter 18-Jährige bis 24 Uhr altersentsprechende Filme anschauen. Diese Zeitgrenzen gelten im Übrigen grundsätzlich für den Aufenthalt außer Haus. Das Ermessen liegt jedoch letztendlich bei den Eltern, wie lange ihre Kinder ausbleiben oder bei Freunden übernachten dürfen. Hierbei gilt, dass sie ihre Aufsichtspflicht nicht verletzen und für das Wohl der Kinder sorgen.

http://www.anwaltseiten 24.de/rechtsgebiete/familienrecht/rechte-von-jugendlichen.html (Zugriff: 25.08.2015)

M 3 Genussmittel: Alkopops* und Jugendschutz

Der Verkauf von Bier und Wein ist grundsätzlich erst ab 16 Jahren erlaubt und in § 9 des Jugendschutzgesetzes geregelt. Unter 16 Jahren sind der Erwerb und auch der Verzehr von derartigen Genussmitteln verboten. Die einzige Ausnahme besteht, wenn die Eltern in ihrer Begleitung den Verzehr von Bier und Wein erlauben – dies fällt dann in den Verantwortungsbereich ihrer Sorgfalts- und Aufsichtspflicht, welche sie nicht verletzen dürfen.
Tabakwaren dürfen Jugendliche unter 18 überhaupt nicht erwerben, selbstverständlich auch nicht an Automaten. Branntweinhaltige Getränke wie Liköre, Schnäpse und entsprechende Mixgetränke sind in Deutschland erst ab 18 Jahren erlaubt. In diese Gruppe fallen auch sogenannte „Alkopops"*.
Ab 16 Jahren dürfen Jugendliche Mischgetränke trinken, welche keine branntweinhaltigen Zusätze enthalten. Erlaubt sind z. B. Bier-Limonaden-Mischgetränke und Wein-Mischgetränke. Werden die Getränke mit Spirituosen* und hochprozentigem Alkohol angereichert (z. B. Longdrinks, Cocktails), so sind diese erst ab 18 Jahren erlaubt.

http://www.anwaltseiten 24.de/rechtsgebiete/familienrecht/rechte-von-jugendlichen.html (Zugriff: 25.08.2015)

* **Alkopop**
Wortzusammensetzung aus „Alkohol" und „Pop" (einem englischen Begriff für ein alkoholfreies Süßgetränk)

* **Spirituosen**
alkoholtige Getränke (z. B. Weinbrand und Liköre)

M 4 Na dann Prost!

1 Erläutert **M 1** mithilfe von **M 2**: Für wen wäre es „höchste Zeit"?
2 Stellt anhand von **M 2** und **M 3** zusammen, was Jugendliche dürfen und was ihnen nicht erlaubt ist. Fertigt eine Tabelle an, in die ihr eure Ergebnisse für Jugendliche unter 16 und Jugendliche über 16 Jahren eintragt.
3 Habt ihr in den letzten vier Wochen gegen irgendwelche Schutzbestimmungen für Jugendliche verstoßen? Wenn ja, berichtet darüber.
4 Erläutert euch gegenseitig, warum ihr die gesetzlichen Bestimmungen (vgl. Aufgabe 3) nicht eingehalten habt.
5 Nehmt Stellung zu **M 4**: Erlaubt oder nicht erlaubt? Begründet eure Antwort.

Hat man mit 18 mehr Rechte?

M 1 Henrik – Ein Graffitisprayer

Hendrik ist vor vier Wochen vierzehn Jahre alt geworden. Zum Geburtstag hatte ihm sein Lieblingsonkel heimlich zusätzlich 30 Euro in die Hand gedrückt und gesagt: „Du hast sicher einen Extrawunsch, den nicht alle zu erfahren brauchen. Hier, kauf dir was!“
Hendrik hatte tatsächlich einen Extrawunsch. Seit drei Monaten ist er unter die Graffitisprayer gegangen. Ihm gefallen die herrlich bunten Bilder auf den öden Hauswänden und den einfallslosen Vorortzügen. Die 30 Euro kann er gut für neue Spraydosen gebrauchen.
Heute will er seiner Freundin Sofia seine Kunst vorführen. Sie allerdings scheint nicht sehr begeistert zu sein. „Das ist doch verboten. Und was passiert, wenn uns jemand erwischt?“, fragt sie. „Keine Sorge“, erwidert Hendrik, „bis jetzt hat mich noch keiner gesehen. Außerdem, was kann schon groß passieren? Bestrafen kann mich keiner. Ich bin doch noch nicht volljährig. Ich bin erst vierzehn!“

M 3 „Ich kaufe mir mein erstes eigenes Rennrad!“

Leo strahlt. Er hatte Geburtstag. Allen hatte er erklärt, dass er sich als Geschenk Geld wünschen würde. Er möchte sich nämlich gerne einen großen Traum erfüllen und ein Rennrad kaufen. Zudem hat der 13-Jährige bereits ein halbes Jahr gespart und mit Zeitungsaustragen, Rasenmähen und Autowaschen in der Nachbarschaft schon die Hälfte des Kaufpreises für das Rad angespart. Nun ist es so weit: Mit dem Geburtstagsgeld hat er die Summe für den Kauf des Rades beisammen und er kauft sich ein Rennrad mit allen Extras. Vorsichtig und voller Stolz radelt er nach Hause und zeigt seinen Eltern sein neues Fahrrad.
Groß ist seine Enttäuschung, als sein Vater ihn entsetzt anschaut und lospoltert: „Das Fahrrad bringst du auf der Stelle zurück! Unsere Straßen sind viel zu gefährlich und du bist viel zu unvorsichtig. Ich erlaube es dir nicht und der Händler darf es dir auch gar nicht verkaufen.“

M 2 Bürgerliches Gesetzbuch (BGB) § 110 („Taschengeldparagraf“)

Ein von dem Minderjährigen ohne Zustimmung des gesetzlichen Vertreters geschlossener Vertrag gilt als von Anfang an wirksam, wenn der Minderjährige die vertragsmäßige Leistung mit Mitteln bewirkt, die ihm zu diesem Zweck oder zu freier Verfügung von dem Vertreter oder mit dessen Zustimmung von einem Dritten überlassen worden sind.

Gilt das Recht nur für Erwachsene?

„Das Grundgesetz gilt doch sowieso nur für Erwachsene. Eine Wohnung darf nicht durchsucht werden – aber meine Eltern können jederzeit in mein Zimmer kommen und herumschnüffeln. Wenn ich morgens, bevor ich zur Schule gehe, mein Zimmer abschließen würde – ich glaube, meine Eltern würden durchdrehen!“ So reagierte ein Schüler der Klasse 8, als das Thema „Grundgesetz“ im Unterricht behandelt wurde.

Tatsächlich kann man erst mit Erreichen der **Volljährigkeit**, also ab dem 18. Geburtstag, alle Rechte eines Staatsbürgers in Anspruch nehmen. Bis dahin sind in der Regel die Eltern für ihre Kinder verantwortlich. Mit zunehmendem Alter wird die Verantwortlichkeit der Eltern allerdings geringer und die eigene Verantwortung steigt.

Die Rechtsfähigkeit

Rechtsfähigkeit beinhaltet die Fähigkeit, Rechte und Pflichten zu übernehmen, weil man in der Lage ist, seine Handlungen und ihre Folgen zu beurteilen. Diese Fähigkeit ist abhängig vom Entwicklungsprozess der Heranwachsenden. Deshalb werden im Recht bestimmte Altersphasen unterschieden. Grundsätzlich beginnt die Rechtsfähigkeit mit der Geburt.

M 4 Überblick zu den Rechten einer Bürgerin /eines Bürgers in Deutschland		
Lebensalter	**Rechtsstellung**	**Gesetz**
6 Jahre	Schulpflicht	Schulgesetz
7 Jahre	beschränkte Deliktsfähigkeit	BGB
	beschränkte Geschäftsfähigkeit	BGB
14 Jahre	beschränkte Strafmündigkeit	Jugendgerichtsgesetz (JGG)
	Religionsmündigkeit	Gesetz über religiöse Kindererziehung
	Ende des Beschäftigungsverbots	Jugendarbeitsschutzgesetz
16 Jahre	Ehefähigkeit	Ehegesetz
	Eidesfähigkeit	Zivilprozessordnung (ZPO) Strafprozessordnung (StPO)
	Besuch von Gaststätten	Jugendschutzgesetz
18 Jahre	Volljährigkeit	BGB
	volle Deliktsfähigkeit	BGB
	volle Geschäftsfähigkeit	BGB
	Strafmündigkeit	JGG
	Ehemündigkeit	Ehegesetz
	aktives und passives Wahlrecht	Grundgesetz
	Pkw-Führerschein	Straßenverkehrszulassungsordnung (StVZO)
21 Jahre	volle Strafmündigkeit	JGG
25 Jahre	Befähigung zum Schöffen	Gerichtsverfassungsgesetz

Die Geschäftsfähigkeit

Die **Geschäftsfähigkeit** ist das erste Recht, das Kinder aktiv ausüben dürfen. Allerdings wird sie zwischen dem siebenten und achtzehnten Lebensjahr beschränkt. Die meisten solcher Rechtsgeschäfte bedürfen der Einwilligung des gesetzlichen Vertreters – üblicherweise also der Einwilligung der Eltern. Eine wichtige Ausnahme bildet der Taschengeldparagraf.

Deliktsfähigkeit und Strafmündigkeit

Bis zum 7. Lebensjahr sind Kinder nicht **deliktsfähig**, d.h., sie können wegen ihres Alters rechtlich für ihre Handlungen nicht zur Verantwortung gezogen werden.

Bei der **Strafmündigkeit** geht es um die strafrechtliche Verantwortlichkeit – das Einstehen des Täters für eine Straftat vor der Öffentlichkeit, vor der Gesellschaft.

1 Wertet **M 1** aus: Welcher „Tatbestand“ liegt vor? Hat Hendrik Recht? Verwendet **M 4**.

2 Findet heraus, ob Leo das Rennrad kaufen durfte (**M 2**, **M 3**).

3 Beurteilt mithilfe von **M 4** folgende Falle:
Zwei Jungen (13 und 14 Jahre) beschädigen beim Spielen eine Wippe auf dem Spielplatz.
Bea (17 Jahre) möchte in den Gemeinderat gewählt werden.

4 Fertigt einen kurzen mündlichen Vortrag an, in dem ihr die Übersicht **M 4** zusammenfasst.

5 Nehmt Stellung zu der Aussage: „Das Grundgesetz gilt doch sowieso nur für Erwachsene.“

Welche Aufgaben erfüllt der Rechtsstaat?

Trio greift 22-Jährigen an

red. LORCH Drei Männer griffen Dienstag gegen 23.30 Uhr einen 22-Jährigen aus Sauerthal an und fügten ihm gefährliche Verletzungen zu. Wie das Opfer der Polizei sagte, habe ihn „unvermittelt“ einer

flüchtete das Tr der Männ nenbeschı 1,80 Met „Segeloh scharte. berjacke pha“ auf eine schw Hinwei station in 06722/9. de ander. gen.

Räuber-Duo geschnappt

be. WIESBADEN Opfer eines Handtaschenraubes wurde am Montag eine 77-Jährige in Biebrich. Die Frau konnte junge Männer be nach

Mann überfiel seine Hausbank

MAINZ (dpa) Ein 40-jähriger Mann hat vor dem Mainzer Landgericht gestanden, dass er seine Hausbank im Abstand von wenigen Monaten dreimal überfallen hat. „Ich kannte die alle, deshalb war ich auch nie beleidigend, als ich das Geld forderte“, schilderte der Bauzeichner bei Prozessbeginn vor Gericht sein Vorgehen. Nach eigenen Angaben hatte der 40-Jährige im Februar, August und November 2007 jeweils kurz

Einbruchsverdächtige von Polizei gefasst

DARMSTADT (dpa) Nach einer Serie von Diebstählen in Südhessen hat die Polizei drei Verdächtige verhaftet. Der len Frauen in mehrere en Kreisen Groß-Gerau lt eingebro- Polizei ges- eim stahlen aus einem amit an Au- 0 Euro ab.

Haftstrafe für Verkehrsrowdy

FRANKFURT (dpa) Ein Jeep-Fahrer, der einen Radfahrer mit seinem Geländewagen absichtlich zu Fall gebracht hat, muss für zwei Jahre und drei Monate ins Gefängnis

M1 Zeitungsmeldungen aus dem Polizeibericht

M2 Artikel 103, Abs. 2 GG

„Eine Tat kann nur bestraft werden, wenn die Strafbarkeit gesetzlich bestimmt war, bevor die Tat begangen wurde.“

[Der § 1 des Strafgesetzbuches hat denselben Wortlaut.]

Recht und Rechtsempfinden

Überall gibt es Vorschriften, Gebote, Verbote. Einige befolgt jeder geradezu automatisch, andere nur mit Widerstreben, manche sogar nur von Fall zu Fall.

Die meisten Menschen scheinen sich darüber einig zu sein, was Recht und was Unrecht ist. Dennoch deckt sich das, was in Gesetzen als Recht festgelegt ist, nicht immer mit unserem persönlichen **Rechtsempfinden**. Bestimmte Regeln werden weniger ernst genommen als andere: So empfinden es wohl die meisten Menschen nicht unbedingt als Unrecht, trotz Rotlichts an der Ampel über die Straße zu laufen, wenn gerade kein Fahrzeug kommt. Das Rechtsempfinden meldet sich in einem solchen Fall nur schwach oder gar nicht – obwohl diese Handlung gesetzlich verboten ist.

Ganz anders ist es, wenn uns persönlich etwas gestohlen wird. Wir sind erregt oder würden am liebsten die Sache selbst „in die Hand nehmen“ und uns „auf eigene Faust“ Recht verschaffen.

Aufgaben des Rechts

Die wichtigste Aufgabe des Rechts ist die Sicherung der gesellschaftlichen Ordnung und des sozialen Friedens. Das Recht sorgt dafür, dass alle Formen von Konflikten nach bestimmten Regeln ausgetragen werden müssen. In unserem heutigen **Rechtsstaat** zählt dazu vor allem das Verbot privater Gewaltanwendung. Bis auf den Fall von **Notwehr** ist der Gebrauch von Gewalt nur dem Staat erlaubt.

Niemand kann sich sein Recht, von dem er glaubt, es stehe ihm zu, selbst verschaffen. Duelle*, Blutrache oder Selbstjustiz sind verboten. Jeder muss sich zur Durchsetzung seiner Rechte immer an die dafür vorgesehenen staatlichen Stellen (Instanzen) wie Polizei und Gerichte wenden.

Recht im Rechtsstaat

Das **Rechtsstaatsprinzip** soll den Einzelnen vor staatlicher Willkür schützen. In einem Rechtsstaat beschließen gewählte Vertreter des Volkes die Gesetze. Staat-

* **Duell**
Austragung eines Konflikts zwischen zwei einander gegenüberstehenden Personen mithilfe einer Schusswaffe

M3 Die vielfältigen Aufgaben des Rechts

Mehr zum Thema
Film: Gesetzgebung einfach erklärt

Webcode PE400001-109

liche Institutionen sorgen dafür, dass dem Recht Geltung verschafft wird. Dabei ist der Staat selbst an Gesetze gebunden. Ein Polizist, ein Richter oder ein Verwaltungsbeamter darf nur solche Maßnahmen anordnen, die ihm die Gesetze erlauben. Diese rechtsstaatlichen Grundsätze sind bei uns in der Verfassung, dem **Grundgesetz (GG)**, festgelegt.

Grundsätze des Rechtsstaats

„Justitia" ist das Symbol der Gerechtigkeit und wird mit verbundenen Augen dargestellt. Damit soll verdeutlicht werden, dass Richter in einem Rechtsstaat „gerecht" (ohne Ansehen der Person bzw. ihrer gesellschaftlichen Stellung) urteilen müssen.

Gerechtigkeit vor Gericht soll durch drei wesentliche Grundsätze erreicht werden:

Rechtsgleichheit: „Alle Menschen sind vor dem Gesetz gleich" (Grundgesetz, Artikel 3, Abs. 1). Niemand darf bevorzugt oder benachteiligt werden.

Rechtssicherheit: Jeder Bürger muss sich auf die Gültigkeit des Rechts verlassen können und wissen, was erlaubt und was verboten ist. Gesetze sollen klar und widerspruchslos formuliert sein.

Verhältnismäßigkeit: Bei der Rechtsprechung müssen die Lebensumstände des Einzelnen berücksichtigt werden – z. B. die Einkommensverhältnisse bei der Festsetzung der Höhe von Geldstrafen. Ein leichtes Vergehen darf nicht so hoch bestraft werden wie ein schweres.

M4 Sachbeschädigung

* **Gewaltmonopol**
gesetzliche Regelung, wonach der Staat bzw. seine Behörden als Einzige Zwang ausüben dürfen

1 Weist an einem Beispiel den Unterschied zwischen persönlichem Rechtsempfinden und dem gesetzlich festgelegten Recht nach (Text).

2 Aus dem Polizeibericht (M1): Erläutert, welche Verstöße gegen das Recht hier jeweils das Eingreifen der Polizei erforderlich machten.

3 Gebt mit eigenen Worten wieder, welche Aufgaben das Recht hat (Text, M3).

4 Führt eine Umfrage durch: „Wo ist unser geltendes Recht ungerecht?"

Öffentliches Recht und Zivilrecht

M1 Der (mündliche) Kaufvertrag liegt im Bereich des Zivilrechts

M2 Bestimmung zum Jugendschutzgesetz

In jeder Gastwirtschaft muss ein Schild hängen, das auf das Jugendschutzgesetz hinweist. Das Verbot, Alkohol an Jugendliche unter 16 Jahren auszuschenken, ist Teil des öffentlichen Rechts.

Zwei Mal Recht?

Das Recht lässt sich in zwei große Bereiche einteilen: das öffentliche Recht und das Zivilrecht (auch „Privatrecht" genannt).

Im **öffentlichen Recht** stehen als Streitende zumeist der Staat und der Bürger einander gegenüber. Auch staatliche Behörden müssen sich an bestehende Gesetze halten und können von einem Bürger verklagt werden. Es geht dabei um den Ausgleich zwischen den Interessen des Einzelnen und dem Interesse der Gemeinschaft (Gemeinwohl).

Im **Strafrecht**, das zum öffentlichen Recht gehört, droht der Staat mit Strafe, wenn sich jemand mit schädlichen Handlungen am Leben, an der Gesundheit oder am Besitz anderer vergeht. Bei jeder Straftat, die angezeigt wird, muss die Polizei Ermittlungen aufnehmen. Tatverdächtige werden von der Staatsanwaltschaft vor Gericht angeklagt. Das **Strafgesetzbuch (StGB)** und die Strafprozessordnung (StPO) enthalten dazu wichtige Regelungen.

Im **Zivilrecht** geht es um Streitfragen zwischen Privatpersonen (z.B. um Mietfragen). Privatpersonen sind vor Gericht gleichberechtigt. Ein unabhängiges Gericht entscheidet, wer von wem geschädigt wurde und wer welchen Schadenersatz zu leisten hat oder wie ein Vertrag auszulegen ist. Die Bestimmungen im **Bürgerlichen Gesetzbuch (BGB)** schützen besonders die schwächeren Vertragspartner.

M3 Öffentliches Recht und Zivilrecht

Öffentliches Recht	Zivilrecht
Straftaten	Scheidung
Jugendschutz	Erbschaft
Straßenverkehr	Schulden
Baugenehmigung	Erfindungen
Steuer und Rente	Handel
...	...

Der Sinn der Strafe – früher und heute

Im Mittelalter gab es eine Vielzahl besonders grausamer Strafen – Beispiel hierfür waren: Erhängen, Enthaupten, Rädern, Vierteilen.

Körperteile wurden abgeschnitten, bei Meineid* wurde die Zunge herausgerissen. Als „milde Strafen" galten Prügel, das Abschneiden der Haare oder das Einbrennen von Zeichen in das Gesicht.

Damit verbanden sich der Gedanke der **Vergeltung** und die Absicht, alle anderen Bürger **abzuschrecken**. Es gehörte dazu, dass Hinrichtungen vor großen Zuschauermengen öffentlich stattfanden. Auch Kinder nahmen wie selbstverständlich an dem Spektakel dieser grausamen Vergeltungsmaßnahmen teil.

In der neueren Zeit hat sich das Denken gewandelt. In vielen Staaten gibt es nur noch **Geld- und Freiheitsstrafen**. Sogar die „lebenslängliche" Freiheitsstrafe dauert in Deutschland in der Regel nur noch 15 Jahre.

Die Strafe soll die Schuld eines Täters ausgleichen und ihm helfen, mit seiner Schuld fertig zu werden. Zudem soll die Strafe die **Wiedereingliederung** des Täters in die Gesellschaft fördern. Selbstverständlich behält die Strafe allgemein eine abschreckende Funktion. Jedoch weiß man aufgrund von Untersuchungen, dass durch härtere Strafen die Abschreckungswirkung nicht stärker wird.

Bemessung der Strafe

Für die Bemessung der Strafe spielen heute die Schwere der Schuld und die Umstände der Tat eine wichtige Rolle. Dabei werden die Beweggründe und Ziele des Täters bzw. der Täterin berücksichtigt. Eine Straftat aus Habgier wiegt schwerer als ein Gesetzesverstoß aufgrund einer tatsächlichen persönlichen Notsituation. Auch das Verhalten nach der Tat kann berücksichtigt werden. Die meisten Strafgesetze enthalten einen Spielraum für die im Einzelfall angemessene Strafe.

Anpassung des Strafrechts an die neuen Entwicklungen

Das Strafgesetzbuch muss immer wieder an moderne Entwicklungen angepasst werden. Umweltkriminalität, Computerkriminalität und Internetkriminalität sind relativ neue Erscheinungen, die der Gesetzgeber vor dreißig Jahren noch nicht kannte.

M4 Internetkriminalität – Täter sind nur schwer zu fassen

* **Meineid**
falscher Eid (vor einem Gericht o. Ä.)

1 Zeigt mithilfe des Textes auf, wie sich Zivilrecht und öffentliches Recht unterscheiden.
2 Erläutert anhand von M3 wichtige Bereiche des öffentlichen Rechts und des Zivilrechts. Ergänzt weitere Beispiele.
3 Sucht Artikel oder Schlagzeilen aus Zeitungen über Streitfälle vor Gericht. Ordnet die geschilderten Fälle den Bereichen öffentliches Recht oder Zivilrecht zu (M2).
4 Erläutert die Funktion von Strafe in verschiedenen Zeiten.
5 Diskutiert untereinander, welcher Strafzweck euch selbst wichtig ist.
6 Findet heraus, welche aktuellen Fälle zum Thema „Internetkriminalität" (M4) bekannt sind. Berichtet der Klasse.

Jugendliche vor Gericht

Was als Straftat gilt, ist im Strafgesetzbuch festgelegt und gilt sowohl für Jugendliche als auch für Erwachsene nach dem Grundsatz „gleiches Recht für alle". Wenn es jedoch zur Anklage kommt und die Tat vor Gericht verhandelt wird, gibt es große Unterschiede bei der Behandlung Jugendlicher gegenüber Erwachsenen.

M 1 Arbeitsstunden im sozialen Dienst

Bis zur Vollendung ihres 14. Lebensjahres können Kinder überhaupt nicht vor Gericht gestellt werden. Sie sind **strafunmündig**. Für Jugendliche (14 bis 18 Jahre) gibt es eine spezielle Gerichtsbarkeit: die Jugendgerichte. Sie urteilen nach dem **Jugendgerichtsgesetz** (JGG).

Dies gilt auch für Heranwachsende (18 bis 21 Jahre), wenn diese von ihrer Entwicklung her noch als Jugendliche einzustufen sind oder ihre Tat eine typische Jugendverfehlung ist.

Bei jugendlichen Straftätern geht man von dem Leitgedanken „**Erziehung vor Strafe**" aus. Denn man berücksichtigt, dass Jugendliche sich noch in der Entwicklung befinden.

Selbstverständlich müssen sich auch Jugendliche an die Regeln und Gesetze der Gesellschaft halten. Das soll ihnen verdeutlicht werden. Andererseits soll aber beachtet werden, dass sich eine übermäßige Strafe entwicklungsschädigend auswirken kann. Der Richter kann als Strafe Erziehungsmaßregeln, Zuchtmittel oder Jugendstrafen anordnen. Die Ableistung von unentgeltlichen Arbeitsstunden, beispielsweise in gemeinnützigen Einrichtungen, ist eine oft verhängte Maßnahme. Jugendliche können vor Gericht von der **Jugendgerichtshilfe** unterstützt werden – einer Abteilung innerhalb des Jugendamtes. Sie hilft den Jugendlichen, sich in der ungewohnten, fremden Umgebung eines Gerichts zurechtzufinden.

M 2 Mögliche Verurteilungen bei jugendlichen Tätern

Erziehungsmaßregeln	Zuchtmittel	Jugendstrafen
• Verpflichtung zu Arbeitsstunden oder zur Teilnahme an einem sozialen Trainingskurs • Anordnung eines Erziehungsbeistands oder einer Fürsorgeerziehung • Weisungen für die Lebensführung, z. B. Annahme einer Arbeitsstelle oder Verbot des Besuchs bestimmter Gaststätten	• Verwarnungen • Auflagen, z. B. Wiedergutmachung des Schadens durch gemeinnützige Arbeit • Jugendarrest (Freizeitarrest) von maximal vier Wochen	• Freiheitsentzug von sechs Monaten bis zu fünf Jahren • Höchststrafe von zehn Jahren Freiheitsentzug

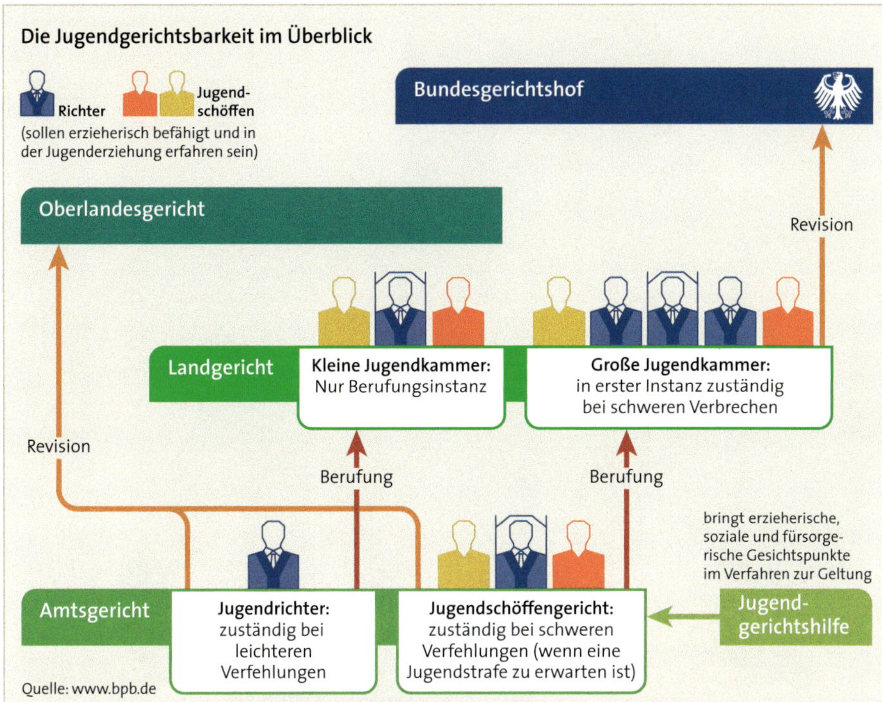

M 3 Die Jugendgerichtsbarkeit im Überblick

M 5 Die Berliner Jugendrichterin Kirsten Heisig schrieb 2010 in einem Buch:

... Aus den bisherigen Ausführungen ergibt sich, ... dass die Schwierigkeiten der Täter innerhalb ihres Lebenslaufes meistens früh angelegt und auch erkennbar sind, hierauf jedoch nicht nachhaltig reagiert wird. Es ist offensichtlich, dass die mangelnde Bildung eine der Hauptursachen für die Entstehung von Jugendkriminalität darstellt und die Schuldistanz* konsequent zu bekämpfen ist. ...

Das Ende der Geduld: Konsequent gegen jugendliche Gewalttäter, S. 100

M 4 Die Journalistin Sabine Rückert in der deutschen Wochenzeitung „Die Zeit“:

... 95 Prozent aller männlichen Jugendlichen werden mindestens einmal kriminell. ... Die wenigsten werden allerdings erwischt, und das ist gut so. Denn Jugendkriminalität ist fast immer eine „Krankheit“, die sich selber heilt. Die Mahnung „Wehret den Anfängen!“ ist deshalb übertrieben, denn nur wenige Täter gehen über den Anfang hinaus. Die Verstöße Jugendlicher sind in der Regel Bagatelldelikte*: Schwarzfahren, Beleidigungen, Raufereien, Haschischkaufen, Klauen, Sachbeschädigung, kleine Einbrüche. ... Auch Mehrfach- und Vielfachtätern ist der Weg vom jugendlichen Nichtsnutz zum professionellen Panzerknacker nicht schicksalhaft vorbestimmt. Die meisten finden auf den Pfad der Tugend zurück. ...

Trotz alledem bleiben 92,5 Prozent der Jugendlichen und Heranwachsenden mit deutschem Pass polizeilich unauffällig. Von den 7,5 Prozent, die sich durch Straftaten hervortun, schlagen nur wenige (man spricht von 5 bis 10 Prozent der Auffälligen) tatsächlich eine kriminelle Karriere ein. Diese kleine Zahl chronischer* Täter ist verantwortlich für über 50 Prozent der Jugendkriminalität und verdirbt den Ruf einer ganzen Generation. ...

DIE ZEIT Nr. 5, vom 22.01.2004, Hamburg

* **Bagatelldelikt**
Straftat (Delikt) von geringer Bedeutung (Gegenteil: Kapitalverbrechen = schwerste Straftat)

* **chronisch**
länger andauernd (langsam verlaufend)

* **Schuldistanz**
Abstand zur Schule; zeigt sich z. B. durch häufiges Fehlen

1 Berichtet, wie über jugendliche Straftäter gerichtet wird und welche Strafen sie gegebenenfalls zu erwarten haben (**M 1** bis **M 3**).

2 Erläutert an einem Beispiel, nach welchem Grundsatz die Jugendgerichtsbarkeit verfährt.

3 Gebt mit euren Worten die Aussagen von **M 4** wieder.

4 Diskutiert die Aussage der Richterin Heisig (**M 5**).

Wir besuchen eine Gerichtsverhandlung

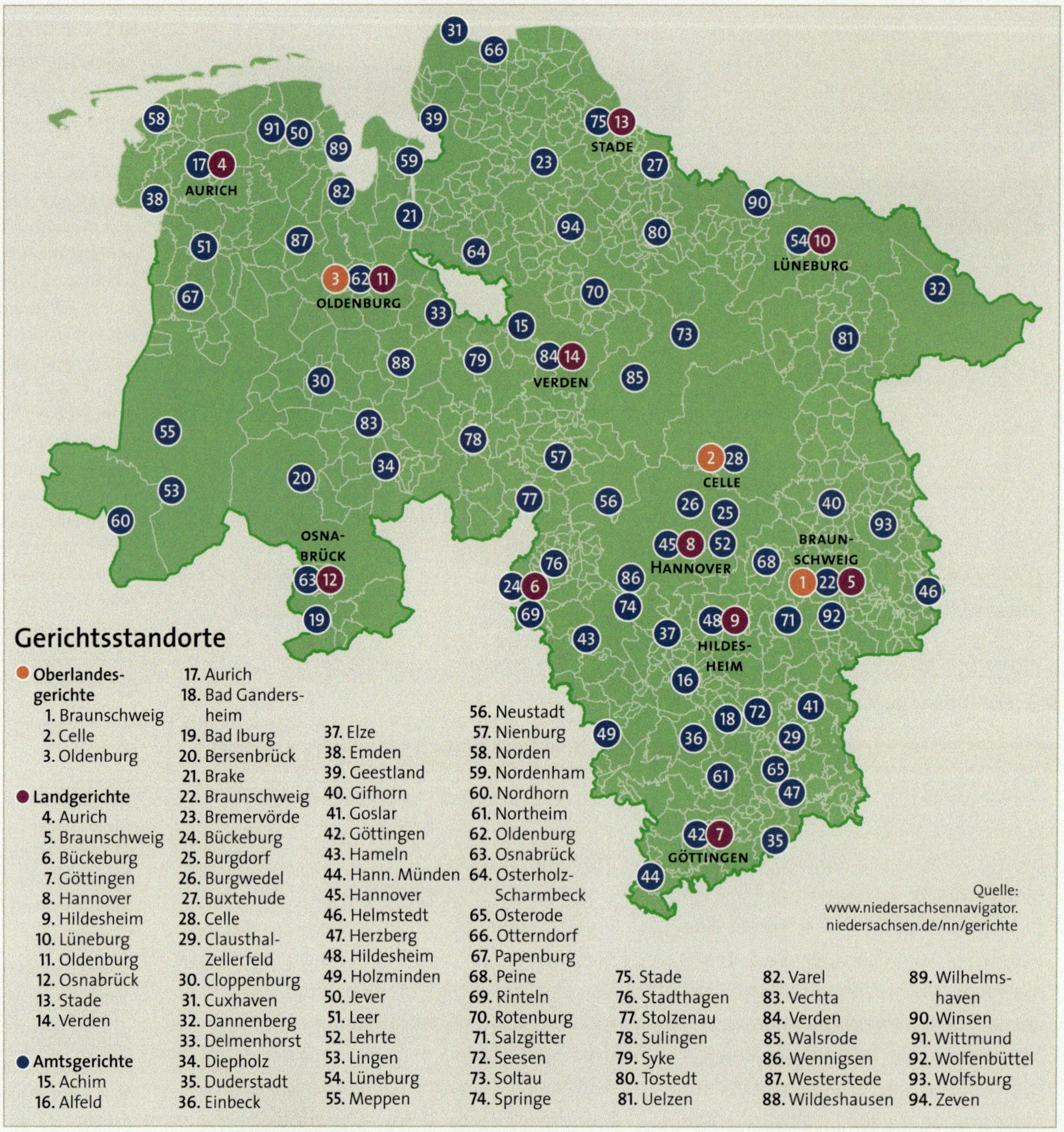

M1 Karte der Amtsgerichtsstandorte in Niedersachsen

Vor Gericht

Während der Beschäftigung mit dem Thema „Recht“ bietet es sich an, eine Gerichtsverhandlung zu besuchen.

Schöffengericht

Eine Besonderheit bei Strafprozessen ist das Schöffengericht. Ein Schöffengericht urteilt an Amtsgerichten über Verfahren, bei denen ...

- nicht das Landgericht oder Oberlandesgericht zuständig ist,
- weniger als vier Jahre Freiheitsstrafe zu erwarten sind,
- eine Unterbringung im psychiatrischen Krankenhaus oder Sicherungsverwahrung nicht zu erwarten ist,
- die Staatsanwaltschaft nicht wegen der besonderen Bedeutung des Falles beim Landgericht Anklage erhebt.

In das Schöffenamt kann jeder deutsche Staatsbürger im Alter zwischen 25 und 70 Jahren berufen werden.

M3 Bei einer Gerichtsverhandlung

M2 Checkliste: Eine Gerichtsverhandlung besuchen

Schritt 1: Kontaktaufnahme
Wenn eure Lehrerin oder euer Lehrer einen Termin für einen Gerichtsbesuch vereinbart, wird sich herausstellen, ob es sich um ein Zivilverfahren oder einen Strafprozess handelt. Nach der Verhandlung sollte die Richterin oder der Richter etwas Zeit für ein Gespräch haben.

Schritt 2: Inhaltliche Vorbereitung
Macht euch mit den Besonderheiten und den Unterschieden von Zivil- und Strafprozessen vertraut (siehe S. 110/111).

Schritt 3: Aufgabenverteilung für die Beobachtung im Gericht
Besprecht, was ihr während der Gerichtsverhandlung beobachten wollt. Erarbeitet Beobachtungsaufträge für jede Gruppe. Einige Vorschläge:
Gruppe 1 achtet genau darauf, welche Aufgaben die/der Richter/-in erfüllt und wie sich der Angeklagte bzw. Kläger und der Beklagte verhalten.
Gruppe 2 protokolliert den Prozessverlauf und vergleicht mit dem im Unterricht erarbeiteten Ablaufschema.
Gruppe 3 macht sich Notizen zum verhandelten Fall. Welches Vergehen bzw. welcher Streitfall liegt vor? Wie hat sich das Geschehen abgespielt?
Gruppe 4 beobachtet den Verteidiger und bei einem Strafprozess auch den Staatsanwalt. Wie wird argumentiert?
Gruppe 5 könnte den Sitzplan im Gericht festhalten. Da im Gerichtssaal das Fotografieren verboten ist, müsst ihr eine Zeichnung anfertigen.

Schritt 4: Durchführung
Jede Gruppe nimmt Block, Stift und Schreibunterlage in den Gerichtssaal mit und protokolliert, was für die gestellte Aufgabe wichtig ist.
Während der Verhandlung müssen sich Besucher absolut ruhig verhalten. Ihr dürft nicht lachen, klatschen, pfeifen, Zwischenfragen stellen oder euch laut unterhalten. Bei Störungen müsst ihr sofort den Saal verlassen. Notiert auch, wenn euch etwas auffällt oder unklar bleibt. Vielleicht könnt ihr nach der Verhandlung die/den Richter/-in befragen.

Schritt 5: Auswertung
Die Gruppensprecher berichten über ihre Beobachtungen. Schildert euch gegenseitig eure Beobachtungen und Empfindungen (z. B.: War die Verhandlung eher emotional, eher förmlich ...?).
Diskutiert in der Klasse das Urteil. Habt ihr es als gerecht empfunden? Was hättet ihr vielleicht anders beurteilt? Begründet eure Ansichten.

1 Führt mithilfe von **M2** den Besuch einer Gerichtsverhandlung durch.

Grund- und Menschenrechte

M 1 Karikatur (von Klaus Stuttmann)

M 2 Die Geschichte der Menschenrechte

1789	Erklärung der Menschen- und Bürgerrechte
1948	Allgemeine Erklärung der Menschenrechte (Vereinte Nationen)
1950	Europarat – Konvention zum Schutz der Menschenrechte und Grundfreiheiten
1976	Weltpakte über bürgerliche und politische Rechte sowie über wirtschaftliche, gesellschaftliche und kulturelle Rechte

Entwicklung des Rechts

Die erste uns bekannte Gesetzessammlung entstand in Babylon* vor rund 3800 Jahren. Der König ließ 220 Gesetze in einen Stein meißeln, der öffentlich aufgestellt wurde. Die getroffenen Regelungen schufen **Rechtssicherheit**. Dieses neue Recht war jedoch von einem Herrscher vorgegeben. Er bestimmte, was Recht war. Von diesem Recht wurden auch nicht alle Menschen gleich behandelt. Noch immer gab es Sklaverei, noch immer bestanden große Unterschiede in der Rechtsprechung gegenüber Mann und Frau. Daran sollte sich über viele Jahrhunderte nichts ändern.

Erst vor rund 200 Jahren konnte sich der Gedanke der **Menschenrechte** in Nordamerika und Frankreich Gehör verschaffen. Aber auch hier waren die Menschenrechte zunächst nicht für alle gültig: Farbige und Indianer waren lange ausgeschlossen. Für Frauen gab es in den USA wie in Frankreich noch keine Gleichstellung vor dem Gesetz.

* **Babylon**
Hauptstadt Babyloniens (im Altertum) im heutigen Staat Irak (von Babylon sind nur Ruinen übrig geblieben)

Erklärung der Menschenrechte

Die Erfahrungen zweier Weltkriege führten dazu, dass eine Gruppe von Beauftragten für die **Vereinten Nationen** eine **Allgemeine Erklärung der Menschenrechte** verfasste, die 1948 verabschiedet wurde. Heute bekennen sich die meisten Staaten in ihren Verfassungen zu den Menschenrechten – so auch Deutschland.

Menschenrechte sind Rechte, die einem Menschen von Geburt an zustehen – egal wie alt oder jung, wie reich oder arm er ist. Sie werden deshalb auch **Naturrechte** genannt, die nicht vom Staat oder per Gesetz verliehen werden.

Um die Menschenrechte durchzusetzen, wurde in der **Verfassung der Bundesrepublik Deutschland**, dem Grundgesetz von 1949, ein Katalog mit Grundrechten verankert. Diese Grundrechte bestimmen die gesamte Rechtsordnung. Hierzu gehören das Recht auf freie Meinungsäußerung, die Glaubens- und Gewissensfreiheit sowie die Gewährleistung des Eigentums.

Grenzenlose Freiheit?

Die Grundrechte garantieren die Freiheiten des Bürgers, aber sie schränken sie auch ein, sodass die Menschen in der **staatlichen Gemeinschaft** zusammenleben können. Beispielsweise ist die Handlungsfreiheit des Einzelnen (GG Art. 2, Abs. 1) dadurch beschränkt, dass der Ein-

zelne nicht das Recht anderer verletzen oder gegen die verfassungsmäßige Ordnung verstoßen darf.
In der Straßenverkehrsordnung gilt z.B. die Grundregel, dass die Teilnahme am Straßenverkehr ständige Vorsicht und gegenseitige Rücksichtnahme erfordert. Auf diese Weise ist auch das Recht auf **freie Meinungsäußerung** eingeschränkt, soweit dadurch Persönlichkeitsrechte anderer Menschen verletzt werden (wenn z.B. die Würde einer anderen Person durch Beleidigung oder durch üble Nachrede verletzt wird).
Die **Freiheit des Einzelnen** endet also immer dort, wo das Recht des anderen beginnt. Jedoch kann jeder, der sich durch ein Gesetz in seinen Grundrechten verletzt sieht, vor dem **Bundesverfassungsgericht** Klage erheben. Das Bundesverfassungsgericht legt das Grundgesetz für alle verbindlich aus.

M3 Das Bundesverfassungsgericht in Karlsruhe, *Foto 2014*

M4 Die Grundrechte (Grundgesetz)

Artikel 1

(1) Die Würde des Menschen ist unantastbar. Sie zu achten und zu schützen, ist Verpflichtung aller staatlichen Gewalt.
(2) Das deutsche Volk bekennt sich darum zu unverletzlichen und unveräußerlichen Menschenrechten als Grundlage jeder menschlichen Gemeinschaft des Friedens und der Gerechtigkeit in der Welt.
(3) Die nachfolgenden Grundrechte binden Gesetzgebung, vollziehende Gewalt und Rechtsprechung als unmittelbar geltendes Recht.

Artikel

2 Freiheit der Person, Recht auf Leben
3 Gleichheit vor dem Gesetz
4 Glaubens- und Gewissensfreiheit
5 Meinungs-, Informations- und Pressefreiheit
6 Schutz von Ehe und Familie
7 Elternrechte im Schulwesen
8 Versammlungsfreiheit
9 Vereinigungsfreiheit
10 Brief-, Post- und Fernmeldegeheimnis
11 Recht auf Freizügigkeit
12 Freie Berufswahl
13 Unverletzlichkeit der Wohnung
14 Gewährleistung des Eigentums
15 Möglichkeit der Überführung in Gemeineigentum
16 Staatsangehörigkeit, Asylrecht
17 Petitionsrecht
18 Verwirkung von Grundrechten
19 Einschränkung von Grundrechten, Wesensgehalts- und Rechtswegegarantie

1 Beschreibt wichtige Etappen in der Geschichte und der Entwicklung der Menschenrechte (M2).
2 Erläutert, was Menschenrechte sind und wem sie zustehen.
3 Erklärt, was die Karikatur M1 zum Thema Menschenrechte/Grundrechte aussagt. Vergleicht auch die Artikel 1 und 2 des Grundgesetzes (M4).
4 Erarbeitet Argumente für und gegen die Behauptung: „Grundrechte geben Freiheit, schränken aber Rechte der Menschen ein."
5 Verteilt die in M4 genannten Grundrechte auf kleine Gruppen. Recherchiert ihren Wortlaut im Internet und erklärt sie euch gegenseitig.

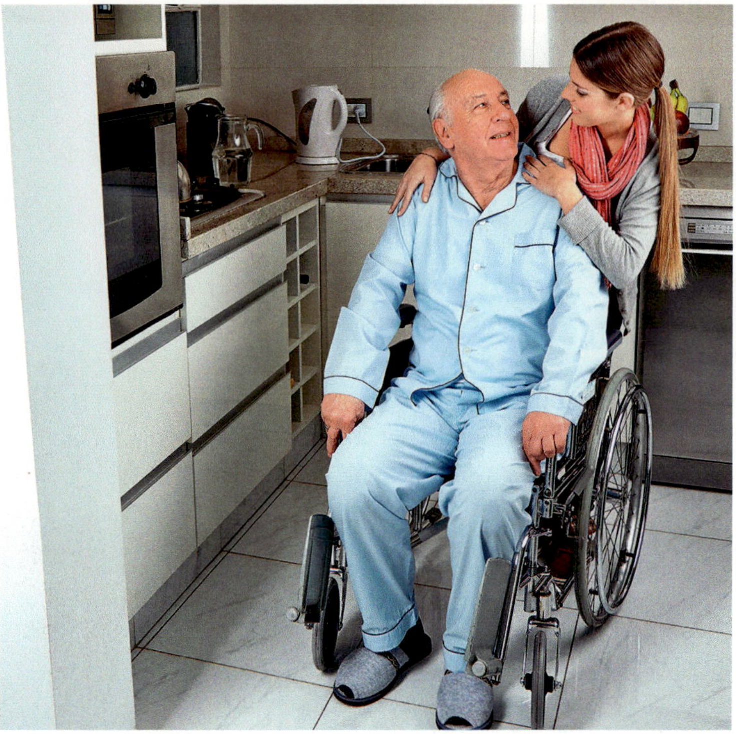

M1 Eine Praktikantin und ein Bewohner in einem Seniorenheim

M2 Artikel 1 GG

Die Würde des Menschen ist unantastbar. Sie zu achten und zu schützen, ist Verpflichtung aller staatlichen Gewalt.

Fall 1: Die Würde des Menschen

Als Frau Heidenreich von ihrer Schülerin Katrin angerufen wird, kann sie das Mädchen kaum verstehen. Katrin ist aufgeregt, sie kämpft mit den Tränen. Sie bittet ihre Klassenlehrerin, sofort zum Altenheim zu kommen, es gebe dort Schwierigkeiten. Katrin ist Schülerin der Klasse 9b und macht im Altenheim St. Anna gerade ihr Praktikum.
Frau Heidenreich erfährt im Altenheim von Katrin den Grund für den Hilferuf:
Katrin hat am Morgen – wie schon an den Vortagen – auf der Station das Essen ausgeteilt. Eine der Betreuerinnen hatte sie gebeten, ihr anschließend bei der Pflege einer alten Dame behilflich zu sein.
Als Katrin ins Zimmer dieser Frau kam, saß sie in einem Sessel. Ihre langen weißen Haare waren gelöst.
„Die Haare müssen ab, die kosten zu viel Zeit bei der morgendlichen Pflege", sagte die Pflegerin.
„Ich möchte meine langen Haare aber behalten, ich habe immer lange Haare gehabt, davon trenne ich mich nicht!", widersprach die alte Frau energisch.
„Blödsinn, Sie können Ihre Haare ja selbst nicht mehr pflegen, die kommen ab. Katrin, halte ihre Hände fest, damit ich die Haare ungestört abschneiden kann", ordnete die Pflegerin an.
„Nein, das mache ich nicht!", rief Katrin entsetzt.
„Wenn du das nicht machst, bist du hier fehl am Platz. Dann solltest du dich um eine andere Praktikumsstelle bemühen", warf die Pflegerin Katrin vor.
Weinend verließ Katrin darauf das Zimmer und rief ihre Klassenlehrerin an. „Ich habe mir dabei vorgestellt, das wäre meine Oma", nannte sie als Grund für ihre Weigerung. Katrin und ihre Lehrerin lassen die Angelegenheit nicht auf sich beruhen.

1 Beschreibt, was im Seniorenheim vorgefallen ist.
2 Lest Artikel 1 des Grundgesetzes (M2) und prüft, inwieweit die Würde der Seniorin verletzt wurde.
3 Nehmt Stellung zu Katrins Entscheidung, „nein" zu sagen.
4 Versetzt euch in die Rolle der Lehrerin. Was hättet ihr Katrin geraten?
5 Erörtert, welches Ziel Katrin und ihre Lehrerin erreichen sollten. Welchen Weg sollen sie dazu einschlagen?

Landhaus-Brennerei Büggel

Wir bieten für sofort oder nach Vereinbarung eine

Ausbildungsstelle als Koch

Eine anschließende Übernahme als Jungkoch ist vorgesehen. Kreative und motivierte junge Männer erhalten bei uns schon während der Ausbildung eine überdurchschnittliche Bezahlung. Wir bieten Ihnen eine interessante und abwechslungsreiche Aufgabe in einem jungen Team.
Senden Sie uns bitte Ihre Bewerbungsunterlagen oder rufen Sie uns einfach an.

Ihr Team von der Landhaus-Brennerei Büggel

M 3 Zeitungsanzeige

M 4 Artikel 3 GG

(1) Alle Menschen sind vor dem Gesetz gleich.

(2) Männer und Frauen sind gleichberechtigt. ...

(3) Niemand darf wegen seines Geschlechtes, seiner Abstammung, seiner Rasse, seiner Sprache, seiner Heimat und Herkunft, seines Glaubens, seiner religiösen oder politischen Anschauung benachteiligt oder bevorzugt werden. ...

M 5 Koch – ein Männerberuf?

Fall 2: Alle Menschen sind vor dem Gesetz gleich

„Hier, lesen Sie sich mal die Anzeige durch – ist das nicht ungerecht?" Sonja ist so empört, dass sie sogar vergisst, ihrem Lehrer einen guten Morgen zu wünschen.
Die Ursache ihrer Empörung hält sie in der Hand: eine Stellenanzeige, die sie aus der Tageszeitung geschnitten hat. „Aber eines ist sicher: Darauf bewerb' ich mich trotzdem!"
„Du kannst dich zu Recht aufregen", sagt ihr Lehrer, nachdem er die Anzeige gelesen hat, „zumal du so gern Köchin werden möchtest."

1 Lest die Anzeige **M 3**. Berichtet, über welche Textstellen sich Sonja geärgert haben könnte.

2 Findet heraus, welche Formulierungen aus **M 3** gegen Artikel 3 des Grundgesetzes verstoßen (**M 4**).

3 Sonja hat sich trotzdem beworben. Doch das Restaurant hat Sonjas Bewerbung mit der Begründung abgelehnt, es gehe ja aus der Anzeige klar hervor, dass sie sich nicht zu bewerben brauche. Erarbeitet Vorschläge, was Sonja nun unternehmen kann.

4 Entwerft eine Stellenanzeige, die Frauen nicht benachteiligt.

Das kann ich ...

M1 Wichtige Begriffe

- Rechtsstaat
- Gesetze
- Grundrechte
- Menschenrechte
- Jugendschutzgesetz
- Jugendkriminalität
- öffentliches Recht
- Zivilrecht

Hinweis: Bitte nicht in das Buch schreiben.

1												
2												
3												
4												
5												
6												
7												
8												
9												
10												

M2 Grundrechterätsel

1 Alle Menschen sind vor dem ______ gleich ...
2 Die Freiheit des ______, des Gewissens und die Freiheit ...
3 Niemand darf gegen sein ______ zum Kriegsdienst ...
4 Jeder hat das Recht, seine ______ in Wort, Schrift ...
5 Alle Deutschen haben das ______, sich ohne Anmeldung ...
6 Für Versammlungen unter freiem ______ kann dieses Recht ...
7 ______ und Familie stehen unter besonderem ...
8 Jeder hat das Recht auf die ______ Entfaltung seiner ...
9 Das ______ und das Erbrecht werden ...
10 Niemand darf zu einer bestimmten ______ gezwungen ...

Eine wichtige Garantie unseres Grundgesetzes enthält das Lösungswort. Ihr findet es, wenn ihr das jeweils fehlende Wort aus den Bestimmungen des Grundgesetzes bei der jeweiligen Ziffer einsetzt und dann von oben nach unten die farbig unterlegte Spalte lest. Die Grundgesetzbestimmungen findet ihr im Anhang. Kopiert euch das Rätsel, bevor ihr mit der Arbeit beginnt.

M3 Zeitungsschlagzeilen

Überfall auf Kreissparkasse

Immer mehr Schüler schwänzen den Unterricht

Mit Tempo 120 durch die Innenstadt

Bauherr verklagt Architekt

Umgehungsstraße in Neustadt Bürgerinitiative zieht vor Gericht

Pressekompass: Eine Uniform für die Schule?

Immer wieder steht das Jugendstrafrecht zur Diskussion. Sind die Strafen für junge Täter zu lasch? Bleiben zu viele einfach auf freiem Fuß und werden nur „verwarnt"? Oder muss einfach nur mehr für die Prävention von Straftaten getan werden? Wie siehst du das?

Den Pressekompass sowie ein Arbeitsblatt findest du unter dem Webcode PO644599-120

Überblick zu den Rechten einer Bürgerin/eines Bürgers in Deutschland

Lebensalter	Rechtsstellung
6 Jahre	
7 Jahre	
14 Jahre	
16 Jahre	
18 Jahre	
21 Jahre	
25 Jahre	

Eidesfähigkeit

Wahlrecht

Strafmündigkeit

leichte und geeignete Arbeiten sind stundenweise erlaubt

Befähigung zum Schöffen

Beginn der Schulpflicht

Rechtsfähigkeit

Religionsmündigkeit

beschränkte Geschäftsfähigkeit, bedingte Deliktsfähigkeit

M4 Wann gilt was?

M5 Im Kaufhaus

Lars, 12, Benni, 14, und Lea, 13, streifen durch das Erdgeschoss des Kaufhauses „Kauflos". Als die Verkäuferin wegschaut, nimmt Lea einen Nagellack und steckt ihn ein. Lars greift sich ein T-Shirt und lässt es in einer Tüte verschwinden. Schnell verlassen sie das Kaufhaus; am Ausgang werden sie vor der Tür von einem Security-Mitarbeiter aufgehalten. Er informiert eine Kaufhaus-Angestellte, die wiederum die Polizei ruft.

M6 § 242 (StGB) Diebstahl

(1) Wer eine fremde bewegliche Sache einem anderen in der Absicht wegnimmt, die Sache sich oder einem Dritten rechtswidrig zuzueignen, wird mit Freiheitsstrafe bis zu fünf Jahren oder mit Geldstrafe bestraft.
(2) Der Versuch ist strafbar.

Sachkompetenz

1 Erklärt euch gegenseitig die wichtigen Begriffe und schreibt die Bedeutung der Begriffe in eure Arbeitsmappe (**M1**).

2 Ordnet die Überschriften in **M3** den Bereichen öffentliches Recht und Zivilrecht zu.

3 Untersucht **M4** und notiert in eure Arbeitsmappe die Rechte und Pflichten in der richtigen Zuordnung zum Alter.

4 Übertragt **M2** in eure Arbeitsmappe und löst das Grundrechterätsel. Das Grundrechterätsel erhaltet ihr auch über den Webcode.

5 Nennt wichtige Aufgaben der Rechtsordnung.

Methodenkompetenz

6 Bereitet einen Besuch einer Gerichtsverhandlung vor.

Urteilskompetenz

7 Prüft mithilfe von **M5** und **M6**, welche Strafe ein/-e Richter/-in für die Jugendlichen aus dem Fall in **M5** anwenden könnte. Benutzt dazu die Übersicht **M2** auf der Seite 112. Wer geht auf jeden Fall straffrei aus?

8 „Die im Grundgesetz garantierte Gleichstellung von Frauen und Männern muss auch bei der Bezahlung von gleicher Arbeit von Frauen und Männern erreicht werden." Sammelt Argumente für diese Forderung.

9 Erstellt eine Collage zum Thema „Grundrechte".

Wir präsentieren Arbeitsergebnisse

1. Schritt: Eine Gliederung präsentieren

Eure Gliederung besteht aus einer kurzen Einführung, einem längeren Hauptteil und einem knappen Schluss.

2. Schritt: Gliederung und Kernaussagen (visuell) veranschaulichen

Mithilfe eines Overhead-Projektors oder einer PowerPoint-Präsentation veranschaulicht ihr, was „auf die Zuhörer/-innen zukommt". So kann jeder genau verfolgen, wie das Thema dargestellt wird.

3. Schritt: Vortrag vorbereiten/einüben

Bevor ihr eure Arbeitsergebnisse präsentiert, solltet ihr euren Vortrag kurz „einüben". Von einem flüssigen (abwechslungsreichen) Vortrag haben eure Zuhörer/-innen mehr, als wenn ihr euch durch eine Präsentation „quält". Freies Sprechen ist überzeugend. Den Blickkontakt zu euren Zuhörer(n)/-innen nicht vernachlässigen.

4. Schritt: Handout verteilen

Auf einem Blatt befindet sich alles Wichtige noch einmal in kurzer Fassung (Stichwörter, Skizzen, Grafiken). Dies ist eine willkommene Handreichung (Handout) für jeden, der nicht alles mitschreiben möchte oder muss.

Wir führen eine Befragung durch

siehe S. 72

Besuch einer Gemeinderatssitzung

siehe S. 48

Wir führen ein Brainstorming durch

1. Schritt: Gedankensturm

Jede/-r Einzelne lässt die Gedanken zu einem Thema/Stichwort wenige Minuten (2–3) „stürmen" (brainstorming = engl.: Gedankensturm).

2. Schritt: Gruppenbildung

Aufteilung der Klasse in mittelgroße Gruppen (fünf bis zehn Mitglieder).

3. Schritt: Austausch und Aussortieren

In den Gruppen werden die Einzel-Ergebnisse zusammengetragen und verglichen. Gedanken werden zu Einheiten zusammengefasst/sortiert.

4. Schritt: Zusammenführung und Zielsetzung

Das Brainstorming ist ein erster spontaner Zugang zu einem Thema. Dabei wird davon ausgegangen, dass schnelle gedankliche Reaktionen ungefiltert erfolgen und so bereits eine aussichtsreiche Einstimmung auf ein Thema möglich ist. Am Ende eines Brainstormings sollte entschieden werden, in welche Richtung ein Thema verfolgt und bearbeitet wird.

Wir erstellen eine Collage

Collagen sind Bildplakate zu einem bestimmten Thema. Als Material könnt ihr Bilder aus Zeitungen und Zeitschriften ausschneiden, Fotos und Postkarten auf ein großes Blatt Papier kleben, aber auch selbst dazu zeichnen/malen und beschriften. Besonders wirkungsvoll kann es sein, wenn ihr die Collage in einen Umriss klebt, der mit dem Thema zu tun hat.

Wir führen eine amerikanische Debatte

siehe S. 28

Wir analysieren und interpretieren Diagramme

siehe S. 52

Wir werten ein Diagramm aus

Mit einem Diagramm (Schaubild) kann man Zahlenwerte anschaulich darstellen und dadurch besser vergleichen. Bei einem Balkendiagramm erfolgt die grafische Darstellung in waagerechten (Farb-)Streifen (Balken).

Ein Kreisdiagramm ist eine besondere Form eines Diagramms. Hier werden die Daten als Teil eines Kreises dargestellt.

In einem Kurvendiagramm wird eine Entwicklung, eine Zeitspanne dargestellt. Auf den Achsen (x und y) werden jeweils Beziehungen zwischen den Angaben dargestellt.

Bei einem Säulendiagramm erfolgt die grafische Darstellung in senkrechten (farbigen) Streifen (Säulen) oder in einer ähnlichen Form (beim Balkendiagramm sind sie waagerecht).

Wir führen eine Erkundung durch

siehe S. 84

Wir besuchen eine Gerichtsverhandlung

siehe S. 114

Wir beschaffen uns Informationen

Am häufigsten suchen wir uns zusätzliche Informationen in anderen Büchern. Wir finden sie in Büchereien oder Bibliotheken.

1. Im Katalog suchen

Wenn ihr nach den gewünschten Büchern suchen wollt, müsst ihr in den „Katalog" schauen. Der Autorenkatalog hilft euch, wenn ihr schon wisst, welches Buch von welchem Autor ihr haben wollt. Der Schlagwortkatalog ist für den Anfang besser. Hier könnt ihr unter einem Stichwort nachsehen.

2. Bücher ausleihen

Im Katalog findet ihr zu jedem Buch eine Buchstaben- und Zahlenkombination, „Signatur" genannt. Notiert die Signatur, den Namen des Autors sowie den Buchtitel und fragt anschließend eine/-n Mitarbeiter/-in der Bücherei / Bibliothek, wie es weitergeht.

3. Eine Dokumentation anlegen

Wenn ihr wichtige Informationen behalten wollt, müsst ihr diese Informationen auswählen und festhalten. In einem Hefter sammelt ihr Fotokopien von Bildern und Texten aus den ausgeliehenen Büchern. Wichtige Informationen aus langen Texten lassen sich besser kurz mit eigenen Worten zusammenfassen. Auf jedem Blatt solltet ihr als Überschrift das Thema festhalten, um das es geht. Am besten nummeriert ihr die Seiten durch, wenn eure Dokumentation abgeschlossen ist.

Wir führen eine Internetrecherche durch

siehe S. 14

Wir werten eine Karikatur aus

1. Schritt: Den ersten Eindruck festhalten

Notiert, was euch bei der Betrachtung der Karikatur zuerst auffällt. Wie ist eure erste Reaktion?

2. Schritt: Ideen sammeln (Brainstorming)

Sammelt alle Ideen und Gedanken, die euch beim Betrachten der Karikatur einfallen.

3. Schritt: Die Einzelheiten beschreiben

Welche Personen und Sachverhalte sind erkennbar? Achtet auf Gesichtsausdruck, Körperhaltung, Kleidung und kennzeichnende Gegenstände. Welche Symbole werden verwendet? Achtet auf einzelne Wörter und/oder die Bildunterschrift.

4. Schritt: Die Bedeutung klären

Welche Bedeutung haben die Personen und Gegenstände? Auf welche Bildteile bezieht sich der Text (eventuell in einer Tabelle notieren)?

5. Schritt: Die Aussage der Karikatur formulieren

Fasst in wenigen Sätzen zusammen: Auf welche Situation, auf welches Ereignis bezieht sich die Karikatur? Was sagt die Karikatur über das Thema aus? Welche Wirkung könnte die Karikatur haben?

Wir werten eine thematische Karte aus

1. Schritt: Einlesen

Aussage (Thema) der Karte? Welcher Raum ist dargestellt? Was enthält die Legende (Zeichenerklärung)? Welcher Maßstab wurde gewählt? Von wann und woher stammen die Daten, auf denen die Karte beruht?

2. Schritt: Beschreiben

Wie sind die Merkmale (Signaturen) im dargestellten Kartenraum verteilt? Gibt es Auffälligkeiten (besonders starke/geringe Verteilung)?

3. Schritt: Erklären

Was könnte zu der räumlichen Verteilung der Merkmale geführt haben? Warum gibt es Konzentrationen und Teilräume mit deutlich geringerer Ausprägung?

3. Schritt: Bewerten

Sind die Aussagen der thematischen Karte übersichtlich/nachvollziehbar? Ist die Einteilung von Abstufungen (Klassen) sinnvoll? Stimmen die Aussagen der Karten mit anderen Informationsquellen überein? Gibt es starke Abweichungen? Wirken die Aussagen der thematischen Karte verzerrend?

Konflikte erkennen – Konflikte lösen

siehe S. 20

Wir halten einen Kurzvortrag (ein Kurzreferat)

Ein Kurzvortrag ist eine mündliche Form der Präsentation, also der Darstellung eines Themas. Ein Kurzvortrag ist in drei Abschnitte (Schwerpunkte) gegliedert: Einleitung – Hauptteil – Schluss. Wenn ihr einen Kurzvortrag zu einem bestimmten Thema halten sollt, beachtet folgende Schritte:

1. Das Thema/Problem erfassen: Wie genau lautet das Thema eures Vortrages? Formuliert eine passende Überschrift oder Fragestellung.
2. Informationen recherchieren, sammeln und ordnen: Informationsquellen können euer Schulbuch, weitere Bücher aus Bibliotheken/ Büchereien oder das Internet sein. Angesichts der Fülle der Informationen müsst ihr Schwerpunkte festlegen und das vorhandene Material sortieren.
3. Erstellt eine Gliederung für euer Referat. Bedenkt, dass es sich um einen kurzen Vortrag handelt (etwa fünf bis zehn Minuten).
4. Ihr könnt bei eurem Vortrag auch Anschauungsmaterial einsetzen: Bilder, Gegenstände, Tabellen, ein Poster oder Ähnliches sowie Schlüsselwörter an die Tafel schreiben.
5. Referate sollen frei vorgetragen werden. Dabei hilft euch eine Zusammenstellung der wichtigsten Stichwörter auf Karteikarten. Achtet dabei auf eine gut lesbare und große Schrift. Beschränkt euch auf das Wesentliche. Vermeidet komplizierte und verschachtelte Sätze.
6. Damit euer Minireferat gelingt, müsst ihr den Vortrag üben. Es empfiehlt sich, erst einmal alles einem Freund oder einer Freundin oder der Familie vorzutragen.
7. Tipps für den eigentlichen Vortrag:
   - Stellt euch so hin, dass euch alle sehen können.
   - Versucht, frei zu sprechen.
   - Orientiert euch an euren Stichwörtern.
   - Schaut beim Sprechen die Zuhörer/Mitschüler an.
8. Nach dem Vortrag können die Zuhörer Rückfragen stellen, um Begriffe und Sachverhalte zu präzisieren.

Wir führen ein Planspiel durch

Ausgangspunkt eines Planspiels ist ein Problem oder ein Konflikt.

1. Schritt: Verteilung der Rollen, Gruppenbildung

Beteiligt sind an der Auseinandersetzung verschiedene Gruppen und Personen:

Die Schülerinnen und Schüler teilen sich in Gruppen auf und entscheiden sich pro Gruppe für einen wichtigen Teil der Streitfrage. Sie argumentieren dann später aus dieser Interessenlage.

Benötigt wird ferner eine Spielleitung, die in die Diskussionen eingreifen kann und die Diskussionen leitet.

2. Schritt: Erarbeitung der Rollen und Durchführung des Planspiels

Das Planspiel findet in mehreren Runden statt. In der ersten Runde treffen sich die Gruppen in getrennten Sitzungen, um einen gemeinsamen Standpunkt ihrer Gruppe zu finden. Dabei geht es um die Frage, welche Lösung angestrebt wird.

Ziel ist es, in der eigenen Gruppe einen Kompromiss zu finden und eine Gesprächsstrategie zu entwickeln, mit der die andere Seite anhand von Argumenten überzeugt werden kann.

Vorbereitung der ersten Runde

Informationen für die Vorbereitung der ersten Runde findet ihr auf Rollenkarten.

Jede Gruppe tagt zunächst für sich, sie kann sich auch noch weiter unterteilen. Wichtig ist, dass die Gruppe die eigenen Interessen herausarbeitet und formuliert („Was wollen wir?").

Zweite Runde

In der zweiten Runde treffen alle Gruppen aufeinander. Die Spielleitung eröffnet das Planspiel und nennt nochmals das Thema. Sie erteilt zunächst den Vertretern einer Gruppe das Wort.

Danach tauschen alle Gruppen, bzw. ihre Sprecher, ihre Argumente aus und versuchen, sich gegenseitig zu überzeugen.

Die Spielleitung kann selbstständig oder auf Wunsch einer Gruppe die Verhandlung unterbrechen. Die Gruppen können so ihre Strategien neu überdenken. Das Planspiel soll in der letzten Runde zu einer Entscheidung führen. Am Ende des Planspiels kommt es zu einer Abstimmung.

3. Schritt: Auswertung

Wichtig ist die Auswertung des Planspiels.

Fragen: Waren die Argumente der Gruppen einleuchtend und überzeugend? An welcher Forderung ist ein Kompromiss gescheitert? Was hat den Kompromiss möglich gemacht? Welche Rolle hat der Machtwille einzelner Personen gespielt? Wie wichtig ist es, bei Verhandlungen gut reden zu können?

Was konntet ihr aus diesem Planspiel lernen? Woran ist die Durchführung des Planspiels gescheitert?

Wir führen eine Pro-und-Kontra-Diskussion durch

siehe S. 78

Wir spielen in verschiedenen Rollen

siehe S. 36

Wir verstehen Sachtexte

1. Schritt:

Überfliegen und Thema erfassen.

Lest den Text einmal ganz durch.

Um welches Thema geht es?

Was wisst ihr schon darüber?

Was möchtet ihr noch wissen?

2. Schritt:

Fragen stellen

Um welche Sorte von Text handelt es sich?

W-Fragen:

Wer? – Was? – Wann? – Wo? – Wie? – Warum?

3. Schritt:

Ein zweites Mal lesen und alle Schlüsselwörter unterstreichen.

Markiert die wichtigsten Wörter im Text.

Markiert sparsam und verwendet verschiedenfarbige Stifte.

Markiert in einer eigenen Farbe schwierige/unklare Textstellen.

4. Schritt:

Zwischenüberschriften finden.

Notiert Überschriften für die einzelnen Abschnitte, die ihren Inhalt knapp zusammenfassen.

Passt eure Überschrift zum Inhalt des Abschnitts und zur Art des Textes?

5. Schritt:

Inhalt wiedergeben.

Gebt mithilfe der Zwischenüberschriften und unterstrichenen Wörter den Inhalt des Textes wieder – in Stichwörtern oder wenigen, kurzen Sätzen.

Notiert Überschriften für die einzelnen Abschnitte, die ihren Inhalt knapp zusammenfassen.

Passt eure Überschrift zum Inhalt des Abschnitts und zur Art des Textes?

Wir gestalten eine Wandzeitung

1. Materialsammlung

a) Zunächst müsst ihr das genaue Thema eurer Wandzeitung festlegen.
b) Danach müsst ihr in einer vorläufigen Liste sammeln, was ihr für diese Wandzeitung benötigt:

Tapete, Papier von einer Zeitungsrolle oder Karton, Stifte, Farben, Kleber, Schere, Bilder, Karten, Texte zu ...

2. Verbindliche Verabredungen

Verabredet einen verbindlichen Arbeitsplan.

3. Gestaltung

Die Wandzeitung sollte auch aus einiger Entfernung gut lesbar sein. Deswegen müssen die Überschriften groß und deutlich gestaltet werden. Auch Bilder und Grafiken, Karten und Tabellen sollten nicht zu klein sein. Eure handschriftlichen Texte müssen gut lesbar sein.

Das Thema der Wandzeitung sollte am Kopf der Wandzeitung in großer Schrift hervorgehoben werden.

Mindmap

Eine Mindmap (= Gedankenkarte) anfertigen ist eine Arbeitstechnik, um ein Thema zu strukturieren und Zusammenhänge aufzuzeigen.
Gehe dazu folgendermaßen vor:

1. Verwende ein Blatt im Querformat.
2. Schreibe das Thema in die Mitte des Blattes und hebe es durch einen Kreis hervor.
3. Sammle alle Ideen, die dir zum Thema einfallen, zunächst auf einem „Schmierzettel".
4. Welche dieser Ideen sind besonders wichtig? Notiere die wichtigsten Hauptideen in Druckbuchstaben auf Linien (= Zweigen), die direkt vom Thema weggehen. Verwende dabei möglichst nur Stichwörter (Schlüsselbegriffe) oder kurze Formulierungen.
5. Füge für Unterpunkte eines Hauptastes weitere Nebenzweige ein.
6. Gestalte deine Mindmap durch Symbole, kleine Zeichnungen, Farben, unterschiedliche Schrift.

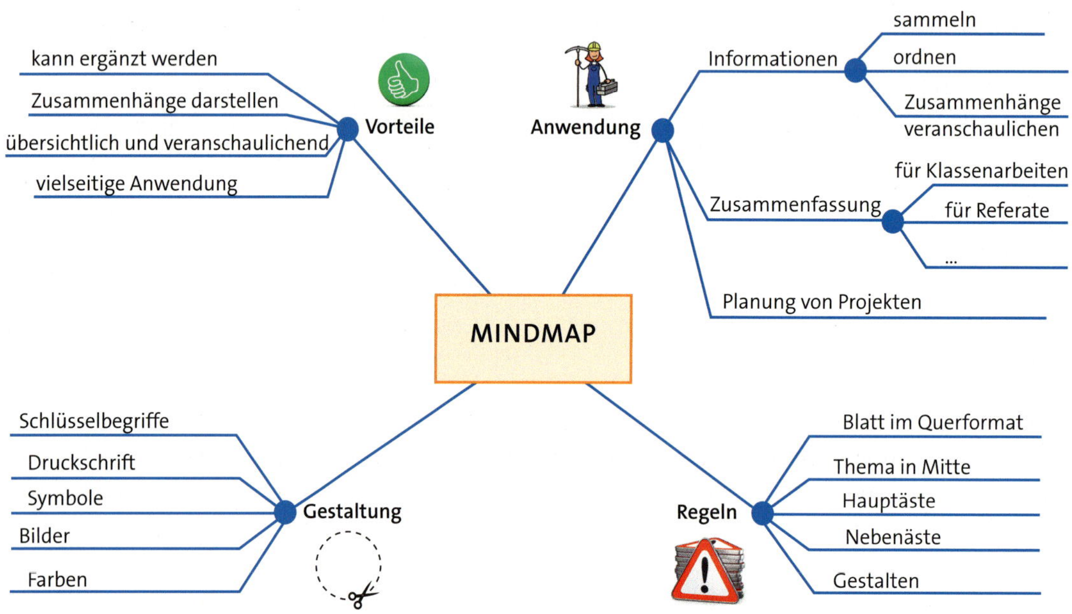

Blitzlicht

Dabei gibt jedes Gruppenmitglied ein kurzes Statement zu einem Thema ab, wodurch das gesamte Meinungsspektrum deutlich wird. Auf eine Frage oder einen vorgegebenen Satzanfang äußern sich alle nacheinander in der Reihenfolge der Sitzordnung. Die Aussage sollte dabei möglichst kurz zusammengefasst werden.

Gruppenpuzzle

Diese Arbeitsform bietet sich an, wenn ihr in einer Gruppe ein Thema bearbeiten wollt, das verschiedene Gesichtspunkte hat. Nachdem ihr das Thema und die Unterthemen (Gesichtspunkte) benannt habt, geht ihr so vor:

1. Setzt euch in Stammgruppen je nach Anzahl der Unterthemen zusammen, in diesem Beispiel vier.

Entscheidet euch in der Gruppe, welches der Unterthemen euch am meisten interessiert. Teilt euch entsprechend den Themen auf.

2. Jede Gruppe hat einen zukünfigen Experten für jedes Thema benannt. Die Experten setzen sich nun in den Expertengruppen zusammen. Hier eignen sie sich die Informationen über das Thema an. Anschließend diskutieren sie, wie sie das bearbeitete Thema am besten erläutern können. Hierzu können kleine Skizzen, Mindmaps etc. angefertigt werden.

3. In der dritten Runde kehren die Experten wieder in ihre Stammgruppen zurück. Jeder Experte erläutert nun sein Spezialthema und klärt Rückfragen.
4. Sind die Stammgruppen fertig, kann das Hauptthema im Plenum diskutiert werden.

Kartenabfrage

1. Bestimmt in der Klasse ein Thema, zu dem ihr eine Kartenabfrage durchführen wollt. Schreibt das Thema groß in die Mitte der Tafel.
2. Teilt euch in Gruppen zu etwa vier Schülern ein. Schreibt eure Gedanken auf Karten auf. Immer nur ein Gedanke pro Karte – schreibt groß und deutlich!
3. Wählt ein Moderatorenteam (zwei bis drei Schüler). Dieses Team sammelt nach etwa fünf bis zehn Minuten die Karten ein und heftet sie an die Tafel.
4. Sortiert nun gemeinsam die Karten. Findet Doppelungen und legt die Karten nach Unterthemen zusammen, denen ihr Überschriften gebt.
5. Mit dem Ergebnis könnt ihr nun weiterarbeiten: Ihr könnt zum Beispiel die einzelnen Themen in Gruppen genauer untersuchen.

Kugellager oder Karussellgespräch

Das Kugellagergespräch dient der Aktivierung aller Mitglieder einer Gruppe und dem Meinungsaustausch. Jeweils zwei Schüler kommen miteinander ins Gespräch, wobei die Diskussionspartner etwa alle fünf Minuten wechseln. Zur Durchführung eines Kugellagergespräches benötigt ihr eine gerade Zahl von Teilnehmern.

1. Alle Teilnehmer setzen sich in einem inneren und einem äußeren Kreis gegenüber.
2. Die Partner tauschen sich über das vereinbarte Thema circa fünf Minuten aus.
3. Auf ein Signal des Spielleiters hin rutschen alle Schüler des Innenkreises im Uhrzeigersinn zwei Plätze weiter, sodass jeder einen neuen Gesprächspartner erhält.
4. Nach Ablauf weiterer fünf Minuten, in denen sich die Partner über eigene und zuvor erhaltene Informationen austauschen, unterbricht der Spielleiter erneut. Nun rutscht der Außenkreis entgegen dem Uhrzeigersinn zwei Plätze weiter und es beginnt ein erneuter Gedankenaustausch ...

Begriffe	Erklärung
Abgeordnete	Auch Parlamentarier oder Volksvertreter genannt, gewählte Mitglieder eines Parlaments. Als Vertreter des ganzen Volkes sind sie an Aufträge und Weisungen nicht gebunden und nur ihrem Gewissen unterworfen (Art. 38 Grundgesetz). Trotz dieses freien Mandats sind die Abgeordneten heute vielfältigen Bindungen unterworfen, etwa an ihre Partei*, an ihre Fraktion* oder an innerparteiliche Interessengruppen.
Alkopop	Wortzusammensetzung aus „Alkohol" und „Pop" (einem englischen Begriff für ein alkoholfreies Süßgetränk)
Babylon	Hauptstadt Babyloniens (im Altertum) im heutigen Staat Irak (von Babylon sind nur Ruinen übrig geblieben)
Bagatelldelikt	Straftat (Delikt) von geringer Bedeutung (Gegenteil: Kapitalverbrechen = schwerste Straftat)
BI	Bürgerinitiative
Bilanz	(ital. bilancia = Waage, lat. bilanx = Doppelwaage) Die zahlenmäßige Gegenüberstellung der Vermögenswerte eines Unternehmens (der sogenannten Aktiva) und des Eigenkapitals (der sogenannten Passiva). Die Bilanz wird meist am Schluss des Geschäftsjahres erstellt. Die Gewinn- und Verlustrechnung ist Bestandteil der Bilanz. Sie zeigt die Erträge und die Aufwendungen des Geschäftsjahres.
Bruttolohn	Gesamtbetrag des Lohns ohne Abzüge
chronisch	länger andauernd (langsam verlaufend)
Defizit	Fehlbetrag
Demokratie	griechisch: Herrschaft des Volkes. Demokratien stehen damit im Gegensatz zu Alleinherrschaften wie Monarchien oder Diktaturen.
Discounter	(engl. discount = Preisnachlass) Unternehmen, wie z. B. ALDI, die mithilfe des Verzichts auf Dekorationen große Einkaufsmengen mit entsprechenden Rabatten anbieten und mithilfe eines beschränkten Warensortiments Kosten sparen und somit die Verkaufspreise für ihre Kunden senken können.
Duell	Austragung eines Konflikts zwischen zwei einander gegenüberstehenden Personen mithilfe einer Waffe

Begriffe	Erklärung
Fraktion	(lat. fractio = Bruch oder Bruchteil) Eine Gruppe von Personen innerhalb einer Gemeinschaft (z. B. eines Vereines), die eigenständige Interessen verfolgt. Häufig fällt der Begriff im politischen Zusammenhang und bezeichnet den Zusammenschluss von Abgeordneten* innerhalb eines Parlamentes.
Frustration	Enttäuschung infolge eines (erzwungenen bzw. durch eine andere Person verursachten) Verzichts
Gemeinde	Gemeinden, Städte und Landkreise sind politische Verwaltungseinheiten und Bestandteile der Bundesländer. Das Land Niedersachsen ist in 1023 Gemeinden unterschiedlicher Größe gegliedert.
Gewaltmonopol	gesetzliche Regelung, wonach der Staat bzw. seine Behörden als Einzige (mono) Zwang ausüben dürfen
Grundgesetz	Die Verfassung der Bundesrepublik Deutschland. Hier sind die Aufgaben und Befugnisse der Staatsorgane beschrieben. Außerdem beinhaltet es die wichtigsten Rechte der Bürger.
Güter	Mittel zur Befriedigung von Bedürfnissen. Es gibt freie Güter wie Luft, die unbegrenzt zur Verfügung stehen, und knappe oder wirtschaftliche Güter, die hergestellt werden müssen, z. B. Autos.
Gütesiegel	Eine Auszeichnung, die von einer dazu besonders bestimmten Behörde oder Firma vergeben wird. Das Siegel zeichnet Produkte aus, die z. B. technisch sicher (TÜV-Siegel) oder umweltfreundlich sind. Das gesetzliche Gütezeichen (Bundesadler) dient z. B. zur Kennzeichnung von „Deutscher Markenbutter", deren Herstellung strenger behördlicher Kontrolle unterliegt. In Deutschland gibt es mehrere Gütesiegel, z. B. das Siegel der Stiftung Warentest oder das „Bio"-Siegel. Zu den bekanntesten internationalen Gütesiegeln gehört das Bildsymbol für „Reine Schurwolle", das in über 100 Ländern anerkannt ist.
Industrie- und Handelskammertag	(IHK) Interessenvertretung der gesamten gewerblichen deutschen Unternehmer
Kämmerer	der Verantwortliche für die finanziellen Angelegenheiten einer Kommune
Kommune	Oberbegriff für Gemeinde*, Kreis und Stadt
Konsens	(lat. consentire = übereinstimmen) „Das ist Konsens!" Wenn etwas unbestritten oder akzeptiert wird, ist es Konsens. In Konfliktfällen bezeichnet Konsens die einvernehmliche Einigung einer Gruppe von Menschen ohne verdeckten oder offenen Widerspruch.
Konsolidierung	Festigung

Begriffe	Erklärung
Konsum, Konsument	(lat. consumere = verbrauchen) eine andere Bezeichnung für Verbrauch*
kontrovers	(lat.: contra = gegen; versus = gerichtet)
Kredit	(lat. creditum = Darlehen, Schuld) Die Überlassung von Geld oder anderem Eigentum unter der Auflage der Rückzahlung oder Rückgabe. Wenn eine größere Anschaffung gemacht werden muss (Auto, Möbel etc.), kann man z. B. einen Kredit bei einer Bank aufnehmen, um diese zu finanzieren. Für die Zeit der Inanspruchnahme eines Kredites müssen Zinsen* an die Bank gezahlt werden.
Kumulieren	Anhäufen von Stimmen
Marketing	(engl. marketing = Vermarktung, Öffentlichkeitsarbeit) Die Marketingabteilung eines Unternehmens stellt dessen Kontakt zum Markt her, indem sie die Nachfrage und das bereits existierende Angebot für ein Produkt prüft und darüber hinaus Überlegungen anstellt, wie ein Produkt gestaltet und beworben werden könnte, um erfolgreich zu sein.
Marketingstrategie	Ein längerfristiger Plan von Unternehmen, wie sie ein Produkt im Markt positionieren können. Dabei werden die Werbung, der Preis und technische Besonderheiten des Produkts festgelegt.
Markt	der Ort, an dem Angebot und Nachfrage, Verkäufer und Käufer aufeinandertreffen
Materielle Bedürfnisse	beziehen sich auf greifbare Gegenstände wie ein Smartphone oder eine Süßigkeit
Meineid	falscher Eid (vor einem Gericht o. Ä.)
Metasuchmaschine	Suchmaschine, die gleichzeitig mehrere Suchmaschinen „beauftragt“
Mobbing	(engl. to mob = anpöbeln, angreifen, über jemanden herfallen) Organisierter Psychoterror, insbesondere am Arbeitsplatz oder in der Schule. Wenn z. B. ein Einzelner oder eine Gruppe einen Mitschüler immer wieder belästigt, dann bezeichnet man das als Mobbing. Kommt es zu regelmäßigen gewalttätigen Übergriffen, spricht man von Bullying. Wenn ihr euch über Mobbing in der Schule informieren wollt, besucht doch einmal die Projektseite der Gutenbergschule in Riederich: www.schueler-mobbing.de. Hier findet ihr ein Forum mit vielen Tipps und Informationen.
Nettolohn	Auszahlungsbetrag nach Abzug aller Abgaben wie Steuern
Nichtmaterielle Bedürfnisse	beziehen sich auf nicht greifbare Dinge wie Freude oder Anerkennung

Begriffe	Erklärung
Ökonomie	(griech. oikonomia = Verwaltung des Haushaltes) Der Begriff „Ökonomie" existiert seit der Antike und meint die Haushaltsverwaltung oder auch Sparsamkeit. Ein Ökonom war früher ein Landwirt, Guts- oder Hausverwalter. Heute wird Ökonomie meist mit der Wirtschaft gleichgesetzt.
Panaschieren	Mischen von Stimmen auf verschiedenen Wählerlisten
Partei	Zusammenschluss von Personen, die bestimmte politische Interessen vertreten und sich mit ihren Forderungen (Programm) zur Wahl stellen
Petitionen	Bittschriften, insbesondere Eingaben an ein Parlament gegen eine Entscheidung von Verwaltungen
Plenum	(aus der lateinischen Sprache = voll) Gesamtheit. Gemeint ist damit z. B. der Versammlungsraum des Bundestages. Die Abgeordneten treffen sich im Plenum.
Poleis	griechisch, Singular: Polis. Bezeichnung für die Stadtstaaten im antiken Griechenland. Die Einwohner einer Polis verstanden sich als Gemeinschaft. Athener, Spartaner oder Korinther waren stolz auf ihre politische Selbstständigkeit und achteten auf ihre wirtschaftliche Unabhängigkeit.
Preis	Der Tauschwert eines Gutes auf dem Markt. In der modernen Wirtschaft wird er in Geld ausgedrückt.
Produkt	(lat. producere = hervorbringen) ein Erzeugnis, z. B. ein Joghurt, eine Jeans, welches von einer Firma hergestellt und auf dem Markt angeboten wird.
Rabatt	(ital. rabattere = nieder-/abschlagen) Ein Preisnachlass, der in der Regel in Prozent ausgedrückt und vom ursprünglichen Preis eines Produktes abgezogen wird. In manchen Fällen wird einem Kunden auch Mengenrabatt gewährt, wenn er besonders viele Exemplare eines Produktes erwerben möchte.
Rechtsstaat	In einem Rechtsstaat ist die Staatsgewalt nicht willkürlich und die Bürger haben Rechte, die der Staat akzeptieren muss. Alle Maßnahmen eines Staates können gerichtlich überprüft werden.
Reklamation	(lat. reclamare = [laut] widersprechen) Wenn ein Produkt nicht so ist, wie es sich der Käufer vorgestellt hat, oder wenn es sogar fehlerhaft ist, dann kann dieser zu dem Verkäufer gehen und sein Geld zurückfordern oder ein anderes Exemplar verlangen. Reklamieren kann ein Käufer normalerweise nur bei Vorlage eines Kassenbons oder einer Garantie.
Saldo	Differenz (Unterschied) zwischen der Soll- und der Habenseite eines Kontos

Begriffe	Erklärung
Schuldistanz	Abstand zur Schule; zeigt sich z. B. durch häufiges Fehlen
Shell-Studie	Seit fast 60 Jahren untersuchen die Shell-Jugendstudien die Einstellungen und die Lebenssituation von Jugendlichen. Die 17. vom Shellkonzern gesponserte Studie stützt sich auf eine Befragung von 2558 Jugendlichen zwischen 12 und 25 Jahren.
Sichere Drittländer	Staaten, in denen es weder politische Verfolgung noch unmenschliche oder erniedrigende Bestrafung und Behandlung gibt
Spirituosen	alkoholhaltige Getränke (z. B. Weinbrand und Liköre)
Stiftung Warentest	Die Stiftung wurde 1964 gegründet. Als unabhängige Verbraucherschutzorganisation untersucht und vergleicht sie Waren und Dienstleistungen verschiedener Anbieter. Sie informiert Kunden in ihrer Zeitschrift „test" und mit ihrem Gütesiegel* auf der Ware über die Testergebnisse.
Transitzone	Abgegrenzter und bewachter Bereich, in dem Reisende verbleiben müssen, wenn sie in ein anderes Land weiterreisen möchten. Damit soll eine unkontrollierte Einreise verhindert werden.
UID	Cookies, die auf den Rechnern von Facebook gespeichert werden und deswegen vom Nutzer nicht mehr gelöscht werden können
Verbrauch, Verbraucher	(siehe auch „Konsum, Konsument") Der Erwerb oder Konsum* von wirtschaftlichen Gütern zur Befriedigung persönlicher Bedürfnisse. Der Verbraucher erwirbt ein Produkt* und „verbraucht" es dann. Die vom Konsumenten* erworbenen Güter und Leistungen gelangen nicht wieder in den Wirtschaftsprozess. Verbraucher und Konsumenten sind alle, die durch ihre Nachfrage die Preise und darüber wiederum Art und Umfang der Produktion bestimmen.
Verbraucherinsolvenz	private Zahlungsunfähigkeit
Verfassung	Hier sind die Rechten und Pflichten der Bürger und der einzelnen Staatsorgane festgehalten. Die Verfassung der Bundesrepublik Deutschland heißt Grundgesetz*.
Vermögenseinkommen	Zum Vermögen zählen Grundstücke, Häuser, Unternehmen und Anteile an Unternehmen (Aktien). Eigentümer eines Hauses können Miete erhalten, Inhaber von Sparkonten Zinsen. Wer Aktien besitzt, kann eine Dividende erhalten.

Begriffe	Erklärung
vollständige Konkurrenz	Marktbedingungen ohne staatliche Eingriffe oder Vorschriften
VW-Abgasskandal	Als VW-Abgasskandal wird ein seit September 2015 aufgedeckter Vorgang bezeichnet, bei dem die Volkswagen AG unerlaubt ein Teil in der Motorsteuerung ihrer Diesel-Fahrzeuge verwendete, um die amerikanischen Abgasnormen zu umgehen.
Wechselkurs	Umrechnung des Wertes einer Währung in eine andre, z. B. € in $.
Zentralbank	Staatliche Bank eines Landes, die die Währung eines Landes ausgestaltet und kontrolliert, in der Europäischen Union ist das die Europäische Zentralbank mit Sitz in Frankfurt.
Zins	(lat. census = Abgabe) Wenn jemand von einem Geldbesitzer verlangt, eine Zeit lang auf sein Geld zu verzichten, dann wird dieser einen Preis dafür verlangen: einen Zins. Wer Geld bei einer Bank aufnimmt, hat Sollzinsen zu bezahlen. Wer Geld auf einem Konto anlegt, der erhält Habenzinsen. Ein Zins wird üblicherweise in % des geliehenen oder angelegten Betrages ausgedrückt und nennt sich dann Zinssatz.

Register

Bildquellen:

U1: [Collage] Hintergrund F1online, Vordergrund Cornelsen-Schulverlage/Peter Wirtz; **6-7** akg-images/euroluftbild; **9** *A* Mediathek Deutscher Bundestagtag/Thomas Trutschel, *B* picture alliace/Gregor Fischer, *C* picture alliance/nordphoto, *D* Fotolia/Kzenon; **11** *M4* Fotolia/eyetronic, *M6 oben+unten* Cornelsen-Schulverlage/Peter Südhoff, *Mitte* Fotolia / Peredniankina; **14** *M1* Shutterstock/venimo; **15** *M3* http://www.fuer-kinderrechte.de/wissen/recht-auf-mitbestimmung was meint ihr; **18** *M2* F1online; **20** *M1* Fotolia/Elena Stepanova, *M2* Fotolia/creative studio; **22** *M1* Fotolia/valiza14, *M2* Fotolia/Marco2811; **23** *M5* Fotolia/contrastwerkstatt; *M6* picture alliance/Arco Images; **24** *M2* www.verden.de; **25** *oben rechts* Shutterstock, *Mitte links* Fotolia/Gerhard Seybert, *Mitte rechts* Fotolia/pressmaster, *unten links* Fotolia/Giorgio Clementi, *unten rechts* Fotolia/XXL-PHOTO; **26** *M1* dpa picture alliance/Carmen Jaspersen; **28** *M1* dpa picture alliance/Carmen Jaspersen; **29** *M3* picture alliance/Carmen Jaspersen; **30** *M1 links* Fotolia/www.vladoz.ru, *rechts* Fotolia/Rabe; **32** *M1* picture alliance/dpa; **34** *M2* picture alliance/dpa; **36** *M2* picture alliance/Cultura; **37** *M3* F1online; **40** *M1* picture alliance/Hinrich Bäsem; *M2* dpa picture alliance/CHRISTIAN OHDE; **41** *M5* Doris Daubertshäuser; **45** *M3* Shutterstock/Jorg Hackemann; **46** *M1* Shutterstock/Jorg Hackemann; **48** *M1* Fotolia/Thomas Reimer; **50** *M1* picture alliance/Eibner-Presse; **54** *M1* picture alliance/JOKER; **57** *M4* © Heinrich Schwarze-Blanke; **58** *M1* picture alliance; **59** *M5* picture alliance/JOKER; **62-63** F1online; **66** *M1* picture alliance/dieKLEINERT.de; *M3* Shutterstock/Lorelyn Medina; **68** *M1* Fotolia/unverdorben; **69** *M3* Fotolia/unverdorben; **73** *M2* Fotolia / minicel73; **74** *M1* Fotolia/Iakov Filimonov; **76** *M1* Shutterstock/Ditty_about_summer; **80** *M1* https://www.knabbershop.de/media/image/header_funnyfrisch_schweinsteiger_ok.jpg, *M2* Corbis; **82** *M1* Corbis/Richard Nowitz; **83** *M4* picture alliance/dieKLEINERT.de; **90** *M1* VU/laif; **91** *M4* Fotolia/Weber Stricker, *M6* Fairtrade Deutschland; **94** *M1* Fotolia / Jelena Ivanovic; *M2* http://beratungsportal.de; **101** *M6* Fotolia/grafikplusfoto; **102-103** Shutterstock/stockpix4u; **104** *M1 links* Shutterstock/doremi, *Mitte* Shutterstock/cTermit, *rechts* Shutterstock/solarseven; **105** *M4* Shutterstock/Monkey Business Images; **106** *M1* Shutterstock/Lisa S., *M2* Shutterstock/Webspark; **108** *M1* [Collage] Klein & Halm Grafikdesign, Berlin; **109** *M3* Shutterstock/Celso Diniz; **110** *M1* Shutterstock / LuckyImages, *M2* Shutterstock/Valentyn Volkov, *M3* Shutterstock/Andrey Burmakin; **111** *M4* Shutterstock/ra2studio; **112** *M1* Shutterstock/Photographee.eu; **115** *M3* Shutterstock/wavebreakmedia; **116** *M1*© Klaus Stuttmann; **117** *M3* picture alliance/dpa; **118** *M1* Shutterstock/Robert Kneschke; **119** *M5* Shutterstock/wavebreakmedia; **126** *oben links* Fotolia/niroworld, *oben rechts* Fotolia/Robert Kneschke, *unten rechts* Fotolia/fotomek

Ostfriesische Inseln
Scharhörn
Neuwerk
Brunsbüttel
Itzehoe
Bad Bramst
Storm
Juist
Norderney
Norderney
Langeoog
Spiekeroog
Spiekeroog
Wangerooge
Wangerooge
Baltrum
Cuxhaven
Otterndorf
Land Wursten
Land Hadeln
Land Kehdingen
Glückstadt
Elmshorn
Norderst
74 Wingst
Hemmoor
Pinneberg
Wedel
Stade
Altes Land
Bederkesa
Langen
Esens
Rottum
Borkum
Norden
Harlinger Land
Wittmund
Jever
Wilhelmshaven
Butjadingen
Bremerhaven
Loxstedt
Geeste
Bremervörde
Buxtehude
Neu Wulmstorf
Harburger 152 Berge
Seeve
Buchholz
Aurich
Ems-Jade-Kanal
Ostfriesland
Nordenham
Emden
Wiesmoor
Varel
Jade
Hagen
Lune
Hamme-Oste-Kanal
Teufelsmoor
Zeven
Oste
Tostedt
Groningen
Ammerland
Brake
Osterholz-Scharmbeck
Schwanewede
Tarmstedt
Bremen
Lilienthal
Hoogezand-Sappemeer
Leer
Westerstede
Rastede
Bad Zwischenahn
Leda
Hunte
Oldenburg
Aue
Scheeßel
Wilseder Berg 168
Schneverdingen
Rotenburg
Lüneburg
Hunze
Stadskanaal
Assen
Papenburg
Küstenkanal
Friesoythe
Soeste
Ganderkesee
Delmenhorst
Achim
Wümme
Bourtanger Moor
Emsland
Hümmling 73
Sögel
Großenkneten
Wildeshausen
Syke
Verden
Soltau
Munster
Walsrode
Böhme
Falkenberg 150
Hermannsburg
He
Emmen
Haren
Cloppenburg
Hoya
Nord-Kanal
Meppen
Löningen
Hase
Quakenbrück
Haselünne
Vechta
Lohne
Hunte
Sulingen
Meiße
Oertze
Vechte
Emlichheim
Süd-Nord-Kanal
Handrup
Bersenbrück
Dammer 145 Berge
Diepholz
Nienburg
Aller
Ce
Neuenhaus
Lingen
Fürstenau
140
Damme
Dümmer
Aue
86
Stolzenau
Wedemark
Fuhse
Almelo
Nordhorn
Bramsche
Mittellandkanal
Steinhuder Meer
Neustadt
Langenhagen
Burgwedel
Burgd
Garbsen
Isernhagen
Oldenzaal
Bad Bentheim
Wunstorf
Hengelo
Osnabrück
Bad Essen
Minden
Bad Nenndorf
Seelze
Hannover
Lehrte
Enschede
Gronau
Rheine
166
Wiehengebirge
320
Bückeburg
Stadthagen
Barsinghausen
Gehrden
Laatzen
Georgsmarienhütte
Hase
367
Deister
405
Springe
Lengerich
Bad Oeynhausen
Wesergeb.
Süntel
437
Sarstedt
Hildesheim
Emsdetten
Melle
Löhne
Rinteln
Bad Münder
Ems
Vechte
Ems-Kanal
Bad Iburg
Teutoburger Wald
Herford
Bad Salzuflen
419
Elze
Berkel
Greven
Hameln
439
Ith
Hils
Innerste
Baumberge
186
Münster
Coesfeld
Bielefeld
Werre
Lemgo
395
Bad Pyrmont
Alfeld
477
Ems
Detmold
Emmer
Münsterland
Gütersloh
Dülmen
Haltern
Dortmund
Ahlen
Rheda-Wiedenbrück
468 Velmerstot
Holzminden
Dassel
Bad Gandersheim
Beckum
Paderborn
Egge
Höxter
526 Große Blöße
Einbeck
Solling
Recklinghausen
Hamm
Lippe
Lippstadt
Bodenfelde
Uslar
Northeim
Leine
Weser
Soest
Göttingen
Essen
Bochum
Dortmund
Unna
Haarstrang
Neheim-Hüsten
Möhne
Witten
Ruhr
Schwerte
Iserlohn
Arnsberg
Diemel
Reinhardswald
508 Hohe Hagen
420
Eichsfeld
472
Brilon
Friedland
Hagen
Lenne
Ruhr
Fulda
Münden
Werra
Werdohl
Langenberg 843
Waldeck
Habichtswald 615
Kassel
Wuppertal
Lüdenscheid
Korbach
Bad Sooden-Allendorf
1000 m
700 m
500 m
300 m
200 m
100 m
50 m
0 m
Watt
0 m
-10 m
-25 m